Helmuth Moltke

Wanderbuch

Handschriftliche Aufzeichnungen aus dem Reisetagebuch

Helmuth Moltke

Wanderbuch

Handschriftliche Aufzeichnungen aus dem Reisetagebuch

ISBN/EAN: 9783743658653

Hergestellt in Europa, USA, Kanada, Australien, Japan

Cover: Foto ©Andreas Hilbeck / pixelio.de

Weitere Bücher finden Sie auf **www.hansebooks.com**

Graf Moltke,
Wanderbuch.

Wanderbuch.

Handschriftliche Aufzeichnungen
aus dem Reisetagebuch
von
H. Graf Moltke,
General-Feldmarschall.

Dritte Auflage.

Berlin.
Verlag von Gebrüder Paetel.
1879.

Inhalt.

                                                                      Seite

I. Wanderungen um Rom. Aus Graf Moltke's handschriftlichen Aufzeichnungen ausgezogen und herausgegeben von Georg von Bunsen .   1

II. Tagebuchblätter aus Spanien   . 125

III. Briefe aus Paris 163

Wanderungen um Rom

aus

Graf Moltke's handschriftlichen Aufzeichnungen

ausgezogen und herausgegeben

von

G. v. Bunsen.

— — Or sù, chè 'l giorno è giunto
Che comprender potrei quanto fui bella.
(Fazio degli Uberti.)

I paesi malsani diventano sani per una moltitudine di uomini che ad un tratto gli occupi.

(Macchiavelli.)

Wer mit offenen Sinnen und als Geschichts-
kundiger während der letzten Jahrzehnte
das berühmteste Brachfeld der Welt, die Campagna di Roma, besuchte, hat sicherlich eine der
beiden Moltke'schen Karten bei sich geführt,
die 1852 und 1859 erschienen* und auch heute

* Carta Topografica di Roma e dei suoi contorni
fino alla distanza di 10 miglia fuori le mura, indicante
tutti i siti ed edifizii moderni ed i ruderi antichi ivi esi-
stenti. Esegnita coll' appoggio delle osservazioni astro-
nomiche e per mezzo della mensola delineata sulla proporzione di 1 : 25000 dal Barone di Moltke Ajutante in
campo di S. A. Reale il Principe Enrico di Prussia a

noch nicht überflüssig geworden sind. Die ältere, auf zwei Blättern, lenkt das Auge sofort auf die Orte hin, — Veji, Fidenae, Mons sacer u. s. w. — um deren Schicksale wir als Knaben fast wie um Troja gebangt haben. Die spätere verkleinerte, ein allerliebstes Farbenblatt, veranschaulicht die Bodengestaltung und gewissermaßen das Landschaftliche der denkwürdigen und vielleicht nicht zukunftslosen Gegend. Seitdem haben Papst Pius IX. 1863 und der italienische Generalstab 1876 auf Grund amtlicher Aufnahmen topographische Werke erscheinen lassen,* wofür ihnen

---

Roma negli anni 1845 a 1846. Berlino presso Simone Schropp e Co. 1852. Gezeichnet vom Artillerie-Hauptmann Weber.

Carta Topografica dei Contorni di Roma, ridotta alla mezza scala della pianta levata in 1845 e 1846 per il Barone di Moltke u. s. w. 1 : 50000. Berlino presso S. Schropp (L. Beringuier). 1859. Gestochen von Steffens unter Leitung von H. Kiepert. Farbendruck des Kgl. lithographischen Instituts.

* Card. Bofondi: — Carta Topografica di Roma e Comarca, disegnata ed incisa nell' officio del censo, alla scala di 1.: 80000, l'anno XVII del Pontificato di No Signore Papa Pio IX. Acht Blätter nebst Titelblatt.

alle Welt dankbar sein muß. Dennoch stehen
wir nicht an, dem Wanderer die Benutzung der
deutschen Arbeit, ihrer besonderen Vorzüge wegen,
auch neben den neueren auf das Wärmste an-
zuempfehlen.

Es ist die Arbeit unseres großen Strategen,
welcher die ihm durch seine Stellung als Adjutant des Prinzen Heinrich von Preußen in den
Jahren 1845 und 1846 geschaffene Muße zur
friedlichen Eroberung der wissenschaftlich beinahe unerforschten Einöde benutzte. Damals
war „kein einziger auf wirkliche Terrain-Auf-
nahme basirter Plan vorhanden". „Eine Schar
talentvoller junger Künstler hatte uns treffliche
Bilder von der einsamen Pracht der Campagna
geliefert; gelehrte Werke waren über Römer-
straßen und Mauerreste geschrieben worden, —

Carta Topografica dei Dintorni di Roma in 9 fogli,
estesa fino a chilom. 11,250 all' O e all E., e chilom.
9,375 al N. e al S. Questa carta è una riduzione e tras-
formazione dei rilievi regolari eseguiti negli anni 1872,
73, 74 dagli Impiegati dell' Instituto topografico militare.
Farbendruck von Wurster Randegger u. Co. zu Winterthur.
1876. 1:25000.

aber Niemand hatte das Meßinstrument zur Hand genommen, um ihre Lage genau zu ermitteln. Und doch waren zu verschiedenen Zeiten zwei Standlinien in der Ebene bei Rom mit hinreichender Genauigkeit gemessen worden; die erste von den Jesuiten Mayer und Boscovich auf der älteren Via Appia in der bedeutenden Ausdehnung von fast zwei deutschen Meilen Länge, die zweite von den Astronomen Conti und Calandrelli auf der von Porta S. Angelo nördlich nach der Milvischen Brücke führenden Straße, soweit diese in gerader Linie fortgeht, in einer Länge von 534,465226 Toisen. Von dieser Basis aus waren die Punkte „Kuppel von St. Peter" und „Casino dell' Aurora in Villa Ludovisi" festgelegt und die Entfernung beider im Mittel 1470,395 Toisen oder 3804,637 geom. Schritte gefunden. Außerdem befanden sich im Collegio Romano eine große Anzahl von astronomisch bestimmten Punkten durch den ganzen Kirchenstaat."

Freiherr von Moltke kam im Spätherbste 1845 nach Rom. Nicht lange, so hatte er das Mangelhafte an den Karten des trefflichen Westphal,* seines Vorgängers Sickler und seiner Nachfolger Canina, Sir William Gell, Nibby durchschaut und bereits im Februar 1846 finden wir ihn in angestrengten Märschen die Umgebung Roms durchstreifend.

„Die Endpunkte der gemessenen Standlinien

* G. E. Westphal Carta Topografica della parte più interessante della Campagna di Roma, nebst einem Textbuch, in Rom 1827 erschienen. 1:60000. — G. E. Westphal Contorni di Roma moderna. Berlin, bei Nicolai. 1829. 1:210000. „Westphal," schreibt Moltke, „lebte in Rom in sehr beschränkten Verhältnissen. . . . Begabt mit einer classischen Bildung, regem Eifer und der Eigenschaft eines unermüdlichen Fußgängers gelang es ihm nichtsdestoweniger, eine sehr bedeutende Arbeit zu liefern." Beiden Karten rühmt Moltke die Sorgfalt nach, womit die Lage der einzelnen Ortschaften bestimmt ist. „Die sichtbarsten Objecte der Gegend wurden von den astronomisch festgestellten Orten durch sehr gewissenhafte Winkelmessung mittels des Sextanten gefunden, die übrigen nach Zeitmaß so genau wie möglich eingetragen." „Der rastlose Wanderer hatte wenig Lohn für seine Mühe. Das Aufnehmen in dieser schirm- und schutzlosen Gegend, unter einer brennenden Sonne und oft auf einem verpesteten Boden, gewährt zwar ein hohes Interesse, reibt aber die festeste Gesundheit endlich auf. Westphal endete sein mühevolles Dasein fast ohne Anerkennung dessen, was er geleistet hatte."

waren nicht mehr mit Bestimmtheit aufzufinden und die astronomisch bestimmten Orte fielen mit Ausnahme der Sternwarte des Collegio Romano und der Kuppel von St. Peter sämmtlich über den Rahmen dieser Detailaufnahme hinaus. Es waren aber von der Standlinie bei Porta St. Angelo die Punkte Casino dell' Aurora in Villa Ludovisi, das Kreuz auf St. Peter und die Mitte der Loggia in der Vigna Negroni durch trigonometrische Dreiecksverbindung sehr genau gemessen.

Der Abstand der beiden erstgenannten Punkte nach Westphal 1470,595 Toisen, bildet die Basis der Aufnahme, die durch geometrische Construction gefundene Lage von Vigna Negroni und Collegio Romano stimmte mit der trigonometrisch-astronomischen Ermittelung. Von den genannten Punkten ließ sich nun leicht ein sehr vollständiges Netz von besonders sichtbaren Objecten in der Umgebung der Stadt festlegen, und mit noch hinreichender Sicherheit bis an die Grenze der beabsichtigten Aufnahme ausdehnen. Die Punkte, welche hierzu, wegen der freien und weiten Umsicht, vorzugsweise dienten, waren St. Peter, Terrasse des

Monte Pincio, St. Pietro in Montorio, Kreuz auf Monte Testaccio, der Thurm des Capitols, dann außerhalb der Stadt Villa Mellini, Schuppen auf dem Hügel, wo Antemnae lag, das flache Dach auf Villa Patrizi, Thurm des Casale dei Pazzi, Tor di Schiavi. Von Objecten, welche eine Aufstellung nicht wol erlaubten, aber besonders sichtbar waren, nennen wir vorzugsweise die Pinie auf Monte Mario, zwei Pinien bei Buon ricovero, Tor del Quinto, das Grab der Cecilia Metella, den Giebel von S. Paolo, den Thurm südlich Porta Furba an der Wasserleitung des Claudius.

Für die Aufnahme wurde der Maßstab von 1 : 25,000 gewählt, derselbe, welcher der Landesvermessung des königl. Preußischen Generalstabs zu Grunde liegt. Die Orientirung ist nach dem magnetischen Nord. Die ermittelten Fixpunkte waren auf neun Meßtisch-Blätter vertheilt, von welchen jedes nicht ganz eine Geviertmeile Flächeninhalt hat. Auf dem mittelsten wurde die alte Stadtmauer von Rom vermessen und innerhalb dieser Mauer die nöthigen Orientirungspunkte bestimmt. Die Straßen, Plätze und einzelnen Gebäude konnten beim Stich einfach durch Reduction der vorhandenen Pläne eingetragen werden. Es war dagegen eine ziemlich mühevolle Arbeit, das Terrain darzustellen, welches die sogenannten sieben Hügel bildet, indem Häuser und Gärten die Umsicht erschweren und Terrassen, oft von sehr bedeutender Höhe, den natürlichen Zusammenhang unterbrechen.

Die Aufgabe, welche dieser Arbeit gestellt schien, erforderte nicht die absolute Genauigkeit einer Kataster-Karte, sondern nur die eines Croquis, welches den Wanderer in der Campagna orientiren, ihn beim Aufsuchen geschichtlich interessanter Oertlichkeiten leiten sollte. Netzlegung und Detailaufnahme wurden mittels eines sehr leichten Meßtisches und einer an das Diopter befestigten Boussole bewirkt. Von den zahlreich zuvor bestimmten Firpunkten aus konnten die zwischenliegenden Objecte, bei ihrer Nähe, noch mit genügender Sicherheit, unter Zuhilfenahme des Schrittezählens, mit dem erwähnten einfachen Instrument festgelegt werden. Die Kürze der gegebenen Zeit erforderte das einfachste Verfahren.

Die größere Hälfte der vorliegenden Aufnahme war auf diese Weise Anfangs Juni vollendet, als eine Hitze von 30° Reaumur im Schatten die vorläufige Einstellung der Arbeit auf dem Felde veranlaßte."

Jetzt erst kam die verdienstliche Reduction einer neuen Kataster=Karte des Cardinals Falzacappa* dem gelehrten Soldaten zu Gesicht. „Die bis jetzt erzielten Resultate konnten einigen Gelehrten und einflußreichen Männern vorgelegt werden, welche Interesse daran nahmen. Mit der größten Bereitwilligkeit theilte man auf dem Collegio Romano die sämmtlichen astronomischen

---

* Card. G. F. Falzacappa: Carta Topografica del Suburbano di Roma, desunta dalle mappe del nuovo censimento e trigonometricamente delineata nella proporzione di 1 : 15000 nell' anno 1839. Zwei Blätter. „Diese Karte," schreibt Moltke, „umfaßt nur die Stadt und die sie umgebenden Weinberge. Das Terrain ist innerhalb dieser Grenze, wie überhaupt bei Kataster=Karten, mangelhaft dargestellt, die Höhen meist nur in ihren stärkeren Böschungen angedeutet. Das Besitzthum, die Feldmarken der einzelnen Vignen und Tenuten war der eigentliche Gegenstand dieser schätzenswerthen Arbeit.... Im Stich läßt die Ausführung viel zu wünschen übrig."

Ortsbestimmungen mit und Monsignor della Spada, damals Presidente degli armi oder Kriegsminister, stellte die Benutzung der Original-Kataster-Aufnahmen in Aussicht." Moltke „fing an zu hoffen, daß er seiner Arbeit mit der Zeit eine sehr viel größere Ausdehnung werde geben können, als ein betrübendes Ereigniß ihn plötzlich aus Rom abrief."*

„Anfangs August kehrte er nochmals dahin zurück und nun bedurfte es während der allerungünstigsten Jahreszeit der größten Anstrengung, um wenigstens die Feldarbeit zu vollenden, wenn gleich das Auszeichnen verschoben bleiben mußte. Am 20. September war nicht allein der ursprünglich entworfene Rahmen ausgefüllt, sondern auch das geschichtlich so interessante Terrain von Veji und an der Allia mit aufgenommen. In dem Zeitraume von kaum sechs Monaten waren zehn Geviertmeilen vermessen; — was zur billigen Beurtheilung der Karte angeführt werden muß." fügt der damalige Major v. Moltke bei, dessen Einleitung zu einem den Karten bei-

* Der Tod des Prinzen Heinrich, welchen der Major v. Moltke dem Könige zu melden nach Berlin reiste.

zugebenden Textbuche die obigen Anführungen entnommen sind.

Eine Bleistift-Bemerkung am Rande einer fröhlich begonnenen Seite lautet: „Fortsetzung ad calendas graecas!" Was bleibt uns da anders übrig, als auf den schriftstellerischen Abschluß von Moltke's römischem Werke zu verzichten? Und doch meinen wir, es dürfe unser Geschlecht der Freude und der Belehrung nicht verlustig gehen, die schon zu lange in vergilbten Blättern geruht hat. Auch Italien hat das Recht, aus Moltke's Munde bestätigt zu hören, was seine Staatsmänner und besten Bürger*

---

* Zur Zahl dieser besten Bürger Italiens rechnen wir auch Herrn Alfred von Reumont, der sich bereits im Jahre 1842 in seiner Denkschrift: Della Campagna di Roma, und später in seiner Geschichte Roms das Verdienst erworben hat, unter Abweisung phantastischer Erklärungen und Heilungsversuche auf die Mittel und Wege hinzuweisen, die allein den alten Gesundheitszustand wieder herbeizuführen im Stande sein dürften. Die Aufgabe wird durch zwei neu hinzugetretene Umstände außerordentlich erleichtert: die Aufhebung des alten Erbrechtes, und die Einführung des Eucalyptus globulus, jenes Wunderbaumes, dem Algier und Süd-Frankreich bereits so viel Segen verdankt.

zu fordern nie aufgehört, Einige in neuerer Zeit auch selbstthätig zu fördern begonnen haben*: — die Wiederbevölkerung der Campagna di Roma mit ackerbautreibenden Menschen.

Wie munteren Sinnes der preußische Major an seine topographische und schriftstellerische Aufgabe herangetreten war, möge aus den folgenden Schlußworten eines Abschnittes ersehen werden:

„Die Mühe der Arbeit ist dem Verfasser reichlich belohnt durch die Freude, welche sie ihm gemacht hat. Möchte die Aufnahme auch Anderen nützlich werden und möchte bald ein Nachfolger sich finden, der mit demselben Eifer, aber mit

---

* Ein Fürst Ruspigliosi hatte bereits in den ersten Jahrzehnten dieses Jahrhunderts auf seinen Besitzungen bei Zagarolo einige Strecken Landes den Einwohnern zur Erbpacht angeboten. Freudig war man dem Aufrufe gefolgt, die dürren Weideflächen prangten in bestem Anbau, die Gesundheit verbesserte sich. Aber sein Beispiel hat anscheinend keine Nachfolge gefunden; die allmälig, von der Stadt einerseits, vom Albaner-Gebirge andererseits sich ausbreitenden Zonen reicher und heilbringender Cultur, die so Mancher bereits geträumt hat, verbleiben immer noch dem Traumlande zu eigen.

mehr Fähigkeit und Muße den Plan vor Allem
bis über das Albaner-Gebirge und bis zur Tibermündung ausdehnt. Dir, meinem unbekannten
Nachfolger, weissage ich große Freude an Deiner
Arbeit in jener herrlichen Gegend. Wol ist es
ein wonniges Gefühl, in der Morgenfrische durch
die noch schlummernde Stadt zu fahren, hinaus
aus den engen Gartenmauern in die freie weite
Ebene, dort mit geschonten Kräften das Tage-
werk zu beginnen. Du wählst einen erhabenen
Standpunkt, um Dich zu orientiren, und während
die Nadel einspielt, schweift Dein Blick über das
prachtvolle Panorama rings umher. Tiefe Stille
herrscht durch die einsame Gegend, und selbst
der Schall der Glocken dringt von den 360
Kirchen auf den sieben Hügeln nicht mehr bis
an Dein Ohr. Kein Haus, kein Mensch ist
sichtbar, nur schön gefärbte Eidechsen schauen
von dem alten Mauerwerk mit klugen Augen
auf Dein Beginnen und stürzen dann eilig davon. Jetzt schwebt die strahlende Scheibe der
Sonne über das Sabiner-Gebirge hinauf, und
ein sanftes Rauschen durchschauert die breiten
Gipfel der Pinien. In den klarsten Umrissen

erkennst Du die drei oder vier Meilen entfernten Gegenstände, die Villen am Saum der waldigen Höhen von Frascati und die blendenden Segel auf dem tiefblauen Meer. — Doch die Arbeit will gefördert sein. Du darfst die Gegend nicht länger in ihrer malerischen Wirkung, Du mußt sie in ihrer physischen Beschaffenheit auffassen. Das führt Dich nun durch felsige Waldschluchten und breite Wiesenthäler, über buschige Hügel auf freie Höhen. Von jeder derselben stellt das herrliche Bild sich in neuen Verschiebungen dar, während Deine Planchette dem Boden das Geheimniß seiner Scenenkünste abzwingt.

Aber an Mühsal und Beschwerlichkeit wird es auch nicht fehlen. Dein Begleiter, dessen Kräfte nicht durch dasselbe Interesse getragen werden wie die Deinen, verwünscht schon lange innerlich il brutto suo mestiere. Sein zögernder Schritt erinnert Dich plötzlich, daß acht oder neun Arbeitsstunden Dir unbemerkt entschwanden. Dein Wagen ist an einen Punkt bestellt, der vielleicht noch eine Meile seitwärts liegt; denn beim Aufnehmen wie bei der Jagd weiß man selten genau, wohin die Schritte führen. Die Sonne sendet glühende Strahlen und nirgends entdeckst Du einen Born, um Deinen brennenden Durst zu stillen. Du schlägst den Rückweg in gerader Linie ein; er führt Dich über eine jener ausgedehnten Flächen, auf welchen die Ochsenheerden weiden. Neugierig erheben die silbergrauen Riesen ihre gewaltigen Hörner in die Luft, und plötzlich stürzt die ganze Schar hinter Dir drein, daß der Boden erbebt. Du hältst an, und sie stutzen vor dem ihnen entgegengebreiteten Regenschirm; aber kaum wendest Du Dich zum Rückzug, so folgen sie im schwerfällig ungewissen Trabe nach, und froh darfst Du sein, wenn Du Dich endlich über den Lattenzaun schwingst, welcher die weiten Koppeln scheidet.

Recht ernstliche Noth hat man zuweilen, wenn die zur Bewachung der Schafheerden bestimmten, halbwilden Hunde sich zu einem gemeinschaftlichen Angriff verbünden; widerlicher aber sind die in unglaublicher Menge vorhandenen Schlangen, zum Theil recht giftiger Natur. Sie schießen unter Deinen Füßen hervor aus dem dürren Grase und hängen in den Zweigen der Büsche, durch welche Du Dich durchdrängen mußt. Man ist genöthigt, hohe und schwere Stiefel zu tragen, die beim anhaltenden Gehen sehr lästig werden. Mit zerrissenen Kleidern und wunden Füßen, ermattet von Hunger und Anstrengung kehrst Du zurück; aber Du entdecktest vielleicht ein Grabmal, eine Inschrift, einen Säulenschaft oder ein Stück Lavapflaster, welche noch kein Plan und kein guide voyageur angibt, und stolz trägst Du diese Beute nach Haus. Hat doch Jeder von seinem Wirken

nur die Mühe und die Schmerzen
und wofür er sich hält in seinem Herzen."

Die Einleitung zu Moltke's unvollendetem Werke über die Umgegend Roms lautet wie folgt:

„Geschichtliche Begebenheiten gewinnen einen eigenthümlichen Reiz, wenn wir die Oertlichkeit kennen, wo sie sich zutrugen. In den lebendigsten Farben treten sie dem vor die Seele, welcher sich auf ihrem eigentlichen Schauplatz befindet, und wie wir einen regeren Antheil nehmen an den Schicksalen eines Mannes, dessen

Gesichtszüge wir kennen, ebenso prägen sich dem Gedächtniß die Vorgänge tiefer ein, deren räumliche Bedingungen wir anschauten. Geschichte und Ortskunde ergänzen sich wie die Begriffe von Zeit und Raum.

Die Oertlichkeit ist das von einer längst vergangenen Begebenheit übrig gebliebene Stück Wirklichkeit. Sie ist sehr oft der fossile Knochenrest, aus dem das Gerippe der Begebenheit sich herstellen läßt, und das Bild, welches die Geschichte in halb verwischten Zügen überliefert, tritt durch sie in klarer Anschauung hervor.

Jahrtausende freilich, welche die festesten Bauten umstürzen, gehen nicht spurlos vorüber an der größten aller Ruinen, der Muttererde. Der Anbau glättet ihre Oberfläche aus, Wälder verschwinden, Bäche versiegen und tarpejische Felsen ebnen sich zu sanfteren Hängen ab. Aber dies Alles ändert, wir möchten sagen, nur die Hautfarbe der Alma mater, ohne ihre Gesichtszüge unkenntlich zu machen. Wo die Naturkräfte gewaltsam mitwirkten, wo Vulkane und Erdbeben, Ueberschwemmungen und Versumpfungen in geschichtlicher Zeit den Boden

umwandelten, da geschah es doch nur auf be=
schränktem und wohl bekanntem Gebiet.

Von vielen Gegenden darf man aber be=
haupten, daß sie seit Jahrtausenden wirklich un=
verändert geblieben sind. Das Meer in der
steten Wandelbarkeit seiner Wogen stellt sich
uns in derselben großartigen Einfachheit dar,
wie einst den Argonauten. Der Beduine tränkt
seine Rosse und Kameele noch an den nämlichen
Quellen und weidet seine Heerden auf denselben
grünen Flächen, wie Abraham und Muhammed.
Die mit Basalttrümmern überschütteten Ebenen
am mittleren Euphrat bieten dem heutigen
Wanderer eben den trostlosen Anblick dar, wie
den Grenzwächtern des Römischen Reichs, und
viele der Thäler um Jerusalem zeigen sich unserem
Blick gewiß gerade so, wie sie dem Erlöser er=
schienen, als er noch auf Erden wandelte.

Und so ertheilen wieder die Begebenheiten
den Orten ihre Weihe. Daher der Zauber, der
im bloßen Namen liegt. Der verödete Hügel
von Bunar=baschi und das kahle Sandufer von
Kumkaleh würden den Blick des Besuchers nicht
lange fesseln, wüßte er nicht, daß dort Pergamos

seine Zinnen erhob, hier die Schiffe der Achäer auf den Sand gezogen lagen. Selbst dann, wenn die Forschung eine Ueberlieferung nur noch als Fabel bestehen läßt, bezieht sich diese doch meist auf eine ganz bestimmte Oertlichkeit, welche der ursprüngliche Erzähler im Auge hatte. Ob je die Griechen Ilios bestürmten, mag ungewiß sein; aber unzweifelhaft ist, daß der blinde Sänger die Gegend östlich der Dardanellen-Mündung ganz genau kannte. Romulus selbst und Herakles mögen immerhin bloße Mythen sein; aber was von ihnen gedichtet wurde, ist wirklich, soweit es sich auf den Schauplatz ihrer Thaten bezieht. Eine Erzählung kann geschichtlich unwahr und örtlich vollkommen genau sein.

Wichtig für die kritische Beurtheilung ist, daß eine genaue Kenntniß der Oertlichkeit die phantastischen Gebilde der Ueberlieferung auf ihren wahren Maßstab zurückführt. So ist die ältere römische Geschichte offenbar eine durch vaterländische Begeisterung ausgeschmückte Fabel. Mancher Heereszug mit Siegen und Trophäen erscheint nur noch als die Raufereien der Acker=

bürger zweier Landstädte, deren Feldmarken aneinander gränzten, wenn wir den engen Raum auf den Hügeln von Antemnae und Fidenae betrachten und die Entfernung einer halben Wegstunde bedenken, die sie vom palatinischen Hügel trennt. Wer wird deshalb die schönen Schilderungen Plutarchs und Livius' weniger anziehend finden? Auch die Sage knüpft sich an die Wirklichkeit, sie wurzelt in ihr, und die beiden Geistesrichtungen,

der Durst nach Wahrheit und die Lust am Trug,

schließen sich gegenseitig nicht aus. Die Aufgabe, welche wir uns stellen, wird nicht sein, die Fabel von der Wirklichkeit zu scheiden, sondern beide mit derjenigen Oertlichkeit zu verbinden, auf welche sie sich jedes Mal beziehen.

Nicht Jedem ist es vergönnt, sich an dem Anblick geschichtlich merkwürdiger Punkte zu erfreuen und zu belehren. Die Abbildung muß dann die Wirklichkeit ersetzen. Sie zieht in den engen Kreis des Stubengelehrten, was ihm auf andere Weise nicht erreichbar ist. Aber auch dem vom Glück mehr Bevorzugten wird ein

Wegweiser an Ort und Stelle nicht unwillkommen sein, welcher die Meinung Anderer zusammenstellt, ohne die seinige zu beschränken.

In diesem Sinne übergeben wir nicht sowol dem gelehrten, als dem gebildeten Publicum die nachfolgenden Blätter als Begleitung zu unserer Aufnahme der Umgegend von Rom. Sie enthalten keine neuen Entdeckungen auf dem Gebiete der Geschichte und der Kritik, sondern sie bringen nur die Meinungen der Forscher in den Rahmen sorgfältig geprüfter und berichtigter Ortsverhältnisse. Die Darstellung kann natürlich nur eine aphoristische sein; eine Schnur bunter Steine, aufgereihet an dem Faden eines Spazierganges durch eine in allen ihren Theilen anziehende Oertlichkeit.

Denn kaum wird es auf dem weiten Erdenrund einen Raum geben, wo so viele und so große Handlungen vollbracht wurden, als der, welchen die engen Grenzen unserer Karte umfassen. Vier Jahrhunderte brauchte das junge Rom, um diese Landscholle zu erkämpfen, ebensoviel Zeit, als es von da an bedurfte, um sich den Weltkreis zu unterwerfen. Die ersten und schönsten Thaten der Republik wurden in der Ebene zwischen Veji und dem Fuß des Albaner-Gebirgs vollbracht. Freilich fallen sie meist dem Gebiet der Fabel anheim, denn mit dem Beginn der Geschichte greifen die Unternehmungen Roms bald weit über diese enge Grenze hinaus. Aber die Wirkungen kehren auf unser Gebiet zurück. Von hier verbreiteten sich strahlenförmig jene mächtigen Heerstraßen, welche über Berge und Flüsse, durch Wälder und Moräste bis an den Rhein und den Euphrat ausgedehnt wurden. Zahllose Trümmer von Gräbern bezeichnen ihre Richtung in der Nähe der gewaltigen Stadt. Hatten einst die Wälder dem Ackerland Platz gemacht, so war in der Blüthe der Kaiserzeit dieses durch prachtvolle Landhäuser und Gärten fast ganz verdrängt, bis endlich mit dem Verfall des Reichs Alles in eine weite Wüste umgewandelt wurde.

Der Sitz des Imperiums wurde an den Bosphorus verlegt, und wirklich scheint die Natur selbst Byzanz zur Hauptstadt der drei Welttheile unserer Erdhalbkugel bestimmt zu haben. Rom war groß geworden durch seine

Männer, Constantinopel wurde es durch seine Weltstellung zwischen zwei Meeren und im Mittelpunkt des alten Festlandes. Aber so gewaltig war der Einfluß, den Rom einmal gewonnen und während tausend Jahre behauptet hatte, daß es sich durch ein neues geistiges Moment aus fast unglaublichem Verfall zum zweiten Mal zur Hauptstadt der Welt emporschwang. Die römische Herrschaft, sagt Ranke, hatte in dem menschlichen Geschlecht zuerst das Gefühl seiner Gemeinschaft erweckt. Erst durch sie gelangten die Völker dahin, den Gedanken an einen allgemeinen Gott zu fassen. In diesem Moment der Weltentwickelung ward Christus geboren. Unscheinbar war sein Leben. Aus einem unterjochten Volke hervorgegangen, hatte er nicht, da er sein Haupt hinlege. Zu den Fischern redete er in Gleichnissen von Gott, heilte Kranke und starb den Tod eines Missethäters. Und doch hat es Nichts auf Erden gegeben, was reiner, erhabener und — auch vom weltlichen Standpunkte betrachtet — folgenreicher gewesen, als sein Wandel, seine Lehre und sein Tod.

Nach Rom wandten sich vorzugsweise die beiden großen Apostel Petrus und Paulus; denn Rom war der Hebel, der die Welt in Bewegung setzte. Bei den Armen, den Unterdrückten und Schwachen fand ihre Lehre Eingang. Duldender Gehorsam und Hingebung bis in den Tod waren die Waffen der Gläubigen, und diese Lehre der Demuth siegte über das Heer, den Senat und die Kaiser. Aus den Katakomben stieg die Verehrung der Märtyrer hervor. Säulen und Altäre der Olympier schmückten von jetzt an die Tempel des alleinigen Gottes. Das Bild des Cäsaren wich aus der Apsis, um dem des Erlösers und der Apostel Platz zu machen, und das Kreuz, das Werkzeug schmachvollen Todes, wurde zum Zeichen des Siegs und der Herrlichkeit erhoben.

Die christliche Kirche erhielt ihre Gestaltung durch das Römische Reich. Rom wurde der Mittelpunkt der Christenheit. Dort hatten die meisten Bekenner geblutet, und die ersten dreißig Bischöfe waren sich nicht nur im Amt, sondern auch im Martyrthum gefolgt. Die Cäsaren selbst förderten das Emporkommen einer patriarchalischen Autorität, und als das abendländische Reich zusammenbrach, war die christliche Kirche gegründet.

Nachdem Pipin die Schlüssel der in Italien eroberten Städte auf den Altar St. Peters niedergelegt, war auch die weltliche Macht der Päpste gegeben. Freilich folgten noch Jahrhunderte der Unterordnung, der Auflehnung und des Kampfes; aber seit Gregor VII. hatte das Papstthum sich emancipirt. Wahrhaft großartig ist seine Stellung im 13. Jahrhundert. Die päpstlichen Legate treten wie römische Proconsuln auf, Italien und Deutschland gehorchen ihnen mehr als den Kaisern, Spanien wird dem Moslem, Preußen den Heiden abgenommen. Der König von England empfängt sein Reich zu Lehn vom Papste und Hunderttausende ziehen auf seinen Wink zu den Kreuzzügen aus.

Aber der Glücksstern der Stadt Rom folgte dem glänzenden Aufschwung nicht, welchen das römische Papstthum nahm. Je mächtiger nach Außen, je schwächer war es nach Innen. Während des ganzen Mittelalters war Rom im beständigen Sinken. Man konnte an den vollkommenen Untergang dieser Stadt glauben, in welcher ein ungebändigter Adel sich selbst und das geistliche Oberhaupt befehdete. Trümmer häuften sich auf Trümmer, die Straßen verschwanden, die Gegend bildete eine Wüste. Die Luft verpestete. Selbst die Päpste hatten Rom verlassen, wie man aus einem einstürzenden Hause flieht.

Sixtus V. wagte es, mitten unter diesen Schutthaufen eine neue Stadt zu gründen.

Eine Reihe ausgezeichneter Männer, welche sich auf dem Sitz St. Peters folgten, setzten das Werk fort, stellten die Ruhe im Innern her und suchten das Land einer gänzlichen Verödung und Versumpfung zu entreißen.

Die wechselnden Schicksale, welche über die Stadt und die Umgegend hinschritten, haben tiefe und unverwischliche Spuren hinterlassen. Die Trümmer eines Jahrtausends lagern durch und über die Trümmer des anderen. Was die verschiedenen Zeitalter schufen, ist meist zerstört; was sie verwüsteten, ist geblieben. Das Mittelalter baute mit den Werkstücken des Alterthums, und doch ist die Ruinenstadt auf den Hügeln noch heute größer als die moderne auf dem Marsfeld. Das jetzige Leben vermag nur einen Theil der alten Mauer des Honorius auszufüllen. Gärten und Weinberge umschließen diesen Kern in der Ausdehnung einer Meile; Alles, was darüber hinaus liegt, ist bis zum Fuß der Berge eine Wüste geblieben.

So gewährt diese öde Campagna di Roma einen unbeschreiblichen Reiz. Sie ist die Heimath der Gegensätze, einer Vergangenheit des reichsten Lebens, einer Gegenwart der tiefsten Stille. Die Burg der Gaetani klebt an dem Grabe der Metella, und die Kuppel des Michel Angelo erhebt sich über dem Circus des Nero. Die Gräber der Märtyrer liegen zwischen den Columbarien der Heiden, moderne Chausseen ziehen durch die Bogen antiker Wasserleitungen. Von jenen Hügeln, wo Pyrrhus lagerte, blickt die vom Blitz zerschmetterte Eiche des Tasso. Dampfschiffe durchschneiden die Fluth des blonden Tiber und bald werden Eisenbahnzüge durch die Felder brausen, wo der Wagen der Triumphatoren einzog.

Die Vergangenheit dieser Erdscholle ist so

gewaltig, daß sie die Gegenwart übertönt. Jeder Gang vor die Thore Roms führt uns an ein Denkmal großer Erinnerungen; aber sie gehören den verschiedensten Zeitaltern an. Wenige Schritte bringen uns von einem Schlachtfeld der Republik an ein Raubschloß des Mittelalters, von dem Nymphäum eines Flußgottes zu der Capelle eines Heiligen, und Minuten trennen räumlich, was geschichtlich Jahrhunderte auseinanderliegt." —

Drei weitere Auszüge aus der werthvollen Handschrift sollen dem Leser das Resultat der Studien Moltke's über die Entstehung des Bodens der Campagna, — über das älteste Aussehen der Gegend von Rom, als sie bewohnter zu werden anfing, — endlich über das Klima vorführen.

I.

Ohne uns in geognostische Muthmaßungen allzuhoch zu versteigen, dürfen wir Folgendes als hinlänglich begründete Wahrscheinlichkeit aufstellen.

Das Meer rollte einst seine Wogen über die ganze Landfläche, welche heute den Namen der römischen Campagna trägt. Bis zum Gipfel des Monte Mario, ¼ Meile nördlich von St. Peter, 440 Fuß über dem jetzigen Meeresspiegel, finden sich ganze Bänke von Austerschalen und Panzern anderer, dem Salzwasser angehöriger Thiere.

Diese größte Höhe bei Rom erschien damals als Sandbank oder Untiefe in dem weiten Meerbusen, welcher erst durch den Apennin und seine Verzweigungen begrenzt ward. Zu jener Zeit bildeten Narni und Tivoli die Mündungen des Tiber und des Teverone in's Meer; der Monte Soracte und Monte Circeo, 2270 und 2000 Fuß hoch, erhoben sich als Inseln aus der Fluth, gerade so, wie heute Capri und Ischia aus den Wellen sich erheben.

Dies war der Zustand zu Ende der secundären Periode und zu Anfang der tertiären. Damals lagerte sich der Mergel, der gelbe Sand und der Kies ab, welcher in großen Massen und zu bedeutender Höhe in die Thäler hinauf reicht. Gestört wurde derselbe durch die große vulkanische Thätigkeit, welche an der ganzen Westküste Italiens von Siena bis Neapel ihre Spuren hinterließ und an mehreren Punkten noch heute fortwirkt. —

Ob das Meer allgemein so bedeutend gesunken, ob der Boden desselben hier, durch die Ausdehnung der Gase so sehr gehoben, ob derselbe durch den Auswurf der Vulkane in dem

Maße überschüttet wurde, daß er sich als trockenes Land darstellte, oder ob alle diese Potenzen zusammen wirkten, mag unerörtert bleiben. Ohne Zweifel aber tauchten die ersten Krater aus den Fluthen empor. Wir werden die Gründe für diese Behauptung sogleich anführen; an sich ist es schon wahrscheinlich, daß die bis auf einen sehr hohen Grad gespannten Gase die Erddecke zuerst da sprengten, wo sie am dünnsten war, also an den tieferen, mit Meer bedeckten Stellen.

Die älteste Gebirgsbildung der Gegend ist der secundäre Kalkstein, wie wir ihn in ungeheueren Massen von regelmäßiger Schichtung östlich im Sabiner- und südlich im Volsker-Gebirge anstehend finden. Die höchsten Spitzen dieser Berge sind bis jetzt nicht genau gemessen, sie dürften sich aber kaum über 4—5000 Fuß erheben. Das Kalkgebirge ist frei von Erzgängen und organischen Körperbildungen und zeigt dieselben schroffen Formationen, wie wir sie in den Voralpen erblicken.

Nächst diesem weißgrauen Kalkstein bildete sich wol unter unmittelbarer Einwirkung des Meeres der Sandstein, welcher die Grundmasse des Monte Gianicolo ausmacht, jener Hügelkette, auf der die westliche Stadtmauer Roms ruht und deren höchster Gipfel der Monte Mario ist. Ein großer Theil dieses Gesteines besteht aus Stücken, welche im Kalkgebirge anstehend gefunden werden und von dort abgespült sein mögen. Alle übrigen Gebirge der Umgegend von Rom zeigen entweder die Zerstörung der früheren Kalkformationen durch Eindrängung plutonischer Massen, oder sind ganz und gar vulkanischen Ursprungs.

In erster Beziehung sind die Berge von Tolfa und Alumiera zu nennen, welche die Campagna nördlich von Civitavecchia bis Viterbo begrenzen. Der secundäre Kalkstein an ihrem Südfuß ist von Trachytadern durchdrungen, welche die Felslager zunächst in Gyps verwandelten. Das Vorkommen des Alaunsteins scheint durch die Einwirkung des Trachyts bedingt, welcher die Kalkmassen auf die Seite schob, oft ganz abtrennte.

Außer dem Alaunstein enthält das Gebirge Eisen, Blei und Zink, nirgends aber eine Spur von organischen Körpern.

Der Trachyt bildet weiter nördlich auch die Gipfel des Monte Amiata und Cimini.*

Obschon das Feuer dieser Vulkane bereits zu einer vorgeschichtlichen Zeit erlosch, so finden sich doch die unzweideutigsten Spuren ihres Wirkens in großer Zahl. Die ganze Gruppe des Albaner-Gebirges bildet einen gewaltigen Kegel, dessen Krater mehr als eine deutsche Meile im Durchmesser hält. Dieser Krater mochte durch den Vulkan selbst bereits verschüttet sein, als aus seiner Mitte, wie beim Vesuv, ein neuer, 500 Fuß hoher Kegel sich erhob, dessen ebenfalls jetzt verschüttete Mündung das sogenannte Campo di Annibale ist. Die Wände dieses Trichters bilden im Monte cavo die größte Höhe des Albaner-Gebirges und erheben sich 2965 Fuß über den Meeresspiegel. Sie stürzten ebenso wie die des älteren, größeren Kraters in der Richtung auf Grotta ferrata ein, so den Wassern Abfluß gewährend. Durch die Umwallung des älteren Trichters, welche nur an der Nord- und Ostseite erhalten ist, brachen ferner zwei neue

* Osservazioni geologiche sul Monte Amiata, del Marchese Lorenzo Pareto. Roma 1844.

Vulkane hervor. Sie werden deutlich wahrgenommen in dem See von Albano (lago di castello) und dem von Nemi. Die Spiegel dieser Wasserbecken liegen 919 und 1022 Fuß über dem des Meeres. Die einschließenden Wände erheben sich gegen 400 Fuß höher und die Tiefe der Wasser dürfte leicht ebensoviel betragen.

Diese Umwallung, welche nach Innen steil und felsig abfällt, nach Außen sich allmälig verflacht, ist von so fester Beschaffenheit und so wohl erhalten, daß beide Seen ganz ohne zu Tage liegenden Abfluß sind. Wahrscheinlich fanden jedoch die Wasser einst einen unterirdischen Weg, welcher erst durch Erdbeben oder aus anderen zufälligen Ursachen sich verstopfte. Denn die geschichtliche Kunde von dem Gefahr drohenden Anschwellen des Sees von Albano hat sich bis auf uns erhalten. Das Wasser stieg bis beinahe an den Rand des Kraters, also um mehr als 300 Fuß, und man befürchtete mit Grund eine Ueberflnthung oder einen noch verderblicheren Durchbruch, welcher die damals so reichbebaute Ebene gänzlich verwüstet haben würde.

Aus der Gesammtmasse des Albaner-Kegels traten ferner noch als Vulkane hervor die von Anhöhen umschlossene, jetzt trockene Ebene Valle aricina und laghetto, und als der Hauptgruppe angehörend können noch genannt werden die Seen von Giulianello, Gabii und Regillo. Diese kleinen, tiefliegenden Vulkane haben keine eigentlichen Trichter oder Umwallung. Wahrscheinlich wirkten sie nie anders als unter dem Spiegel des Meeres, dessen Wogen die von ihnen ausgeworfenen Massen wegspülten. Von dem Kessel von Agnani und der Solfatara bei Tivoli erscheint es zweifelhaft, ob sie zu den Vulkanen gezählt werden dürfen.

Unverkennbar sind dagegen die ringförmigen, bedeutenden Anhöhen von Baccano und Bracciano. Der erstgenannte Vulkan hat seinen Krater mit Schutt zur Ebene ausgefüllt. Durch die gegen Südost eingestürzte Umwallung fließt der Fiume della Valca dem Tiber zu. Aehnlich wie bei Albano scheinen auch hier zwei spätere Ausbrüche stattgefunden zu haben, durch welche die jetzt mit Wasser erfüllten Trichter von Straccia cappa und Martignano in die ursprüngliche Umwallung hinein gesprengt worden sind. Viel bedeutender ist noch der von einem kreisrunden See erfüllte Krater von Bracciano. Derselbe ist fast genau von demselben Durchmesser, wie der Hauptkrater des Albaner-Vulkans, und seine ebenfalls in der Richtung auf Rom eingestürzte Ringmauer erhebt sich bei Rocca romana über 2000 Fuß. Endlich spricht die Form des Lago di Vico (1^1/$_2$ Meilen südlich Viterbo) dafür, daß er sein Entstehen einem vulkanischen Ausbruche verdankt.

Alle diese vereinzelten Gebirgsgruppen vulkanischen Ursprungs unterscheiden sich schon auf den ersten Anblick wesentlich von den zusammenhängenden Zügen der älteren Kalkbildung. Sie zeigen nicht jene schroffe Alpenformation mit tief eingerissenen Thälern und zackigen Gräten, sondern sind leicht erkennbar an der Kegelbildung mit sanften Abhängen, wie sie der natürliche Schüttungswinkel von Sand, Asche und Gerölle gestattet. Denn der eigentliche feste Kern dieser Berge, die Lava und der Basalt kommen auf der Oberfläche nur selten zu Tage.

In welchen Zeitabständen nun alle jene

Vulkane auftauchten, darüber läßt sich kaum eine Vermuthung aufstellen; daß aber ihre Thätigkeit eine zu verschiedenen Zeiten auf einander folgende gewesen ist, geht aus der Stellung der kleineren Krater in den älteren und ihrer Umwallung unwiderleglich hervor. Es leuchtet ferner ein, daß die andauernden Eruptionen einer so bedeutenden Zahl feuerspeiender Berge auf verhältnißmäßig engem Raum eine sehr große Wirkung hervorbringen konnten. Jeder der beiden Trichter von Albano und Bracciano ist mehr als doppelt so weit wie der ursprüngliche Krater des Vesuv, und es ist gar nicht unmöglich, daß die ganze Umgegend durch sie dem Meere abgewonnen wurde; daß die von ihnen ausgeworfenen Schuttmassen die wellenförmige Ebene aufdämmten, welche heute die Campagna di Roma heißt.

Wirklich ist, mit Ausnahme der pontinischen Sümpfe, diese ganze Campagna meist aus vulkanischen Stoffen gebildet, in welchen die älteren Gesteine nur trümmerweise vorkommen.

Unter jenen vulkanischen Gebilden unter-

scheiden wir vornehmlich drei Gattungen, die
Lava, den Peperin und den Tuff.

Die basaltische **Lava** bildet den eigentlichen
Kern der Gebirgskegel; sie ist hart und tönend,
hat eine bläulich-schwarze Farbe und zeigt große,
zusammenhängende Massen. Sie tritt fast ausschließlich nur am Fuß des Gebirges hervor,
da wo das Meer den auf sie herabgefallenen
Schutt fortspülen konnte, so am Fuß des Albaner-
Gebirges, am Regillus und bei Bracciano. An
den höher liegenden Punkten, wohin die Meeres-
wogen nicht reichten, ist die Lava von Schuttmassen verdeckt. Auch in der Ebene wird sie
selten sichtbar. Der hauptsächlichste Zug ist der,
welcher von der Osteria delle Fratocchie am Fuß
des Albaner-Gebirges, $1^1/_2$ Meilen weit in der
Richtung der appischen Straße hinzieht und bei
dem Grabe der Metella plötzlich abbricht. Die
Mächtigkeit dieses Lavastromes ist eine abneh-
mende. Bei dem genannten Anfangspunkt beträgt die Dicke mindestens 80, beim Endpunkt
30 Fuß. Der Rücken dieses leicht zu verfolgen-
den Walles ist mit einer Erdkrume überdeckt,
die Seiten fallen mehr oder weniger steil ab.

In ihnen liegen die Steinbrüche, aus welchen die Alten das unverwüstliche Material, den silex, zu ihren Heerstraßen entnahmen. Eine andere Lavabank findet sich bei Acqua acetosa am linken Tiberufer, 1½ Meilen südwestlich von Rom. Sie ist mit Erde so überschüttet, daß ihre Ausdehnung nicht wol zu bestimmen ist. Gewiß sind in der römischen Campagna noch andere Lavazüge vorhanden, die aber durch spätere Aschenregen ganz überdeckt wurden. Auch das hochliegende Thal des Sacco zwischen dem Sabiner- und dem Albaner- und Volsker-Gebirge ist bis zu seinem Ursprunge mit vulkanischen Massen angefüllt. Sie mögen dem mächtigen Krater von Albano entstiegen sein. Auffallend ist die gleiche Umgebung des Monte Soracte, eines Kalksteingebirges, welches von den nächsten Vulkanen zwei bis drei Meilen entfernt liegt. Hier sowol, wie bei Monte fortino (der nordwestlichen Spitze des Volsker-Gebirges) erheben sich die Kalkfelsen steil, in regelmäßiger Schichtung und ohne sichtbare Spur von späterer Zerstörung, aus der vulkanischen Umgebung, zum Zeichen, daß ihre Bildung fast vollendet war, ehe die vulkanische Thätigkeit zu wirken anfing.

Es ist zu bemerken, daß in der Ebene sich die Lava nur in den angeführten mächtigen Lagern anstehend, als Geschiebe oder Gerölle aber nirgends vorfindet. Wo man daher auf Lavablöcke stößt, darf man annehmen, daß sie durch Menschenhände dorthin gebracht wurden, was für die Ermittelung der alten Straßenzüge von Wichtigkeit ist.*

Der Peperin zeigt eine bald hellere, bald dunklere graue Färbung, er ist frisch und glänzend, im Bruch aber von sehr ungleicher Beschaffenheit. Die vulkanische Asche bildet seine Grundmasse, aber mit derselben schleuderte die unterirdische Kraft Schlacken, Basaltsplitter und Theile der ursprünglichen Kalksteindecke in großen und kleinen Trümmern hervor. Regellos wie es herabfiel, blieb dies Gemenge auf den trockenen Höhen liegen und verhärtete sich mit der Zeit durch einen noch unbekannten, theils mechanischen, theils wol chemischen Proceß in zusammenhängender Masse. So thürmte sich der

* Westphals „Beschreibung der Umgegend von Rom."

Peperin in mächtigen Lagern über die Lava auf, nachdem diese selbst zu fließen aufgehört hatte, und bildete die jetzt vorhandenen Krater und Gipfel der vulkanischen Berge.

Wer auf den Bürgersteigen von Rom zu gehen hat, wird sich bald von der ungleichen Beschaffenheit des Peperin überzeugen. Dies Gestein ist zwar wohlfeil, aber ganz ungeeignet für den genannten Zweck. Denn während die weichere Grundmasse sich sehr bald abschleißt, bleiben die härteren eingesprengten Stücke in oft scharfen und eckigen Spitzen stehen.

Weit besser benutzten die Alten den Lapis albanus und gabinus zu solchen Bauten, namentlich wo der Gewölbschnitt in Anwendung trat, so bei den noch jetzt vorhandenen Substructionen des Tabularium, bei Brücken und Wasserleitungen.

Dieselben Massen, mit welchen die Vulkane ihre Gipfel überschütteten, verbreiteten sich auch in der ungeheuersten Menge über die damals noch vom Wasser bedeckte Ebene. In diesem Element mußten nothwendig die dichteren und darum schwereren Bestandtheile durch die sich ablöschende, leichtere Asche hindurch zu Boden sinken. Diese Asche nun bildete den Tuff, welcher sich als eine ziemlich gleichförmige Masse darstellt und in der die harten Bestandtheile des Peperin nur ausnahmsweise vorkommen. Die Art der nicht selten eingesprengten Muscheln bezeugt, daß die Ablagerung bald im Meer=, bald im stagnirenden Süßwasser vor sich ging.

Uebrigens gibt es vielfache Abstufungen in der Mischung der Bestandtheile. Es gibt einen Tuff von loser, bröckliger Textur, welcher, mit Schlacken, Kalk und Lavastückchen gemischt, den Uebergang zum Peperin bildet; auch deuten mannigfache Abdrücke von Blättern und Zweigen, welche eben diese Art enthält, darauf hin, daß die Bildung schon mehr auf dem Trockenen er= folgte. Im Allgemeinen ist der Tuffstein von einer schönen braunen Farbe, porös aber fest, im Bruche erdig, und specifisch leichter als der Peperin.

Im Tuff liegen die labyrinthischen Puzzolan= Gruben, deren gewundene Gänge oft Tausende von Schritten unter der Erdoberfläche hinführen. Sie waren die Zufluchtsstätten, in welchen die ersten, hartbedrängten Christen sich verbargen, in denen sie ihren Gottesdienst hielten und wo sie ihre Todten begruben. Die Puzzolan-Erde, mit Sand und Kalk vermischt, bildet eine Masse, die sich beim Trocknen völlig verhärtet. Die Römer mischten zerstoßene Ziegelsteine in ihren Mörtel, und die Bauten der Kaiser aus sehr flachen Ziegeln, sowie die regellosen Mauern des Mittelalters bestehen fast zur Hälfte aus solchem Gemenge, welches die Härte des Steines übertrifft.

Endlich bildet der Tuff, oft mit Bimsstein gemischt, die fruchtbare Erdkrume der Campagna. In diesem Zustand zeigt der Tuff die Farbe des trockenen Laubes, er ist leicht zerreibbar und saugt die Feuchtigkeit begierig ein.*

Sehr oft erscheint der Tuffstein in horizontaler Schichtung, abgetheilt durch Lagen von Glimmer, Bimsstein und weicher Asche. Auch in verticaler Richtung, der Länge und Quere nach, ist dies Gestein geklüftet, als ob beim Trocknen und Verhärten die Masse gesprungen wäre. Die Bildung erscheint daher im Großen

* Brocchi, „dello stato fisico del suolo di Roma".

wie im Kleinen als Parallelopiped, wodurch seine Benutzung als Baumaterial erleichtert ist. Die Alten nannten den Tuff saxum quadratum und wandten ihn vielfach an, so bei der cloaca maxima und dem Walle des Servius Tullius.

Von dem letzten wurden die Werkstücke unter Aurelian und Honorius zu der noch jetzt aufrechtstehenden, obwol mit Ziegeln vielfach ausgeflickten Stadtmauer genommen. An vielen Stellen, namentlich bei Porta S. Lorenzo, erkennt man deutlich noch den ursprünglichen Bau. Später zerschnitt man die gewaltigen Quadern in kleinere, wie dies an S. Maria in Trastevere sichtbar ist, und im Mittelalter zu Ziegelform. Aus solchen Tuffziegeln (alla saracinesca) wurden die Burgen der Savelli auf dem Aventin, die der Gaetani am Capo di Bove und andere erbaut, die sich wie Schwalbennester an die gewaltigen Trümmer der Vorzeit anklebten.

Der Tuff ist das vorherrschende Gestein durch die ganze Campagna, und wir erkennen seine parallelopipedische Bildung im Großen auch im Terrain in der oft rechtwinkligen Richtung der Haupt- und Nebenthäler, sowie in der kastenartigen Gestaltung derselben. Am deutlichsten fallen die Tuffgebilde in die Augen in den senkrechten Abfällen des rechten Tiberufers, welche die flaminische Straße bis zum Valchetta-Bach begleiten. Vorherrschend ist der Tuff auch an der ardeatinischen Straße, sowie er den Hauptbestandtheil der Hügel am linken Flußufer bildet, auf welchen das alte Rom lag. Die bedeutendsten Steinbrüche, aus denen der Tuff gefördert wird, liegen im Monte verde südlich der Stadt, an der nomentanischen Brücke über dem Teverone, und bei Tor Pignatara vor Porta maggiore.

Auch unter dem Lavazug der appischen Straße hat man Tuff gefunden. Wo die alten Steinbrüche bis auf den Grund der Lava reichen, zeigen sie nahe am Gebirge den Tuff ziegelroth gebrannt. Die Gluth der flüssigen Massen war hier so groß, daß das Meer sie nicht sogleich auslöschen konnte. Weiter abwärts vom Gebirge erkalteten sie und der Tuff erscheint unverändert in der Farbe. Es mußten also schon vulkanische Aschenauswürfe, wahrscheinlich des großen Albanischen Trichters stattgefunden haben, ehe dieser Lavaausfluß vor sich ging, welcher auch seiner Richtung nach dem jüngeren Krater des Lago di Castello angehört.* —

Zu einer Zeit, bis wohin keine Geschichte mehr reicht, war so durch die gewaltsame, aber vorübergehende Thätigkeit vulkanischer Kräfte die römische Campagna aus dem Meer hervorgestiegen. Die weitere Fortbildung zur jetzigen Gestaltung blieb langsamer, aber dauernd wirkenden Naturkräften anheim gegeben. Die Schöpfungen des süßen Wassers sind es, welche wir jetzt in's Auge zu fassen haben.

Mit prachtvollen Wasserfällen treten die aus dem Apennin hervorbrechenden Ströme in die römische Ebene ein. Sie führen in ihren Fluthen ein reiches Material zur Bildung des Gesteines mit sich, welches unter dem Namen des Travertin (lapis tiburtinus) bekannt ist. In senkrechten Abfällen bis zu 100 Fuß Höhe begleitet der Travertin auf dem linken Tiberufer die Straße von Ponte molle bis zu der Porta del Popolo; er lagert auf den Hügeln

* Westphal.

der Stadt, und findet sich vorzüglich in den ungeheuersten Massen in der Ebene vor Tivoli.

Dies Gestein besteht aus kohlensaurem Kalk. Der Anio, der Velino und andere Zuflüsse nehmen auf ihrem Weg zum Tiber eine sehr große Menge feiner Kalktheile von dem sie umringenden Gestein mit sich. Der in diesen Kalktheilen enthaltene Kohlenstoff würde sich dem Wasser nur mechanisch beimischen, wenn nicht die in Quellen reichlich vorhandenen Schwefelgase und Kohlensäure sie chemisch darin auflöseten. Sobald jene Gase entweichen, schlagen auch die Kalktheile nieder und setzen sich zu festen Massen an. Da nun die Kohlensäure um so leichter verfliegt, je bewegter das Wasser ist, so entsteht die auffallende Erscheinung, daß der Travertin gerade da am schnellsten entsteht, wo der Lauf der Flüsse am reißendsten ist. Nicht weit von Tivoli befindet sich der an kohlensaurem Gas überreiche lago delle isole galeggianti oder der schwimmenden Inseln, mit künstlichem Abfluß zum Tiber. Um diesen Canal offen zu erhalten, muß er alljährlich vom Travertin befreit werden, und zwar setzt dies Gestein sich vorzugsweise in dem vom See entfernten Theil des Grabens an, wo das Gefälle am stärksten, die Bewegung des Wassers am lebhaftesten ist. — Der Velino strömt seinem 1200 Fuß hohen Sturz durch eine künstliche Rinne zu, in welcher die Schnelligkeit des Wassers 10 Fuß in der Secunde beträgt. Dennoch, oder vielmehr eben deshalb, kann der Canal nur durch öftere Entfernung des Travertin offen gehalten werden. Dasselbe geschieht mit dem Anio bei Ponte lupo. Die von den Cascaden aufstäubenden Wasserdünste überziehen selbst die Blätter und Zweige der nahestehenden Bäume mit einer Steindecke. Die so incrustirten Hölzer und Gräser verschwinden im Laufe von Jahrhunderten gänzlich und lassen ihre Formabdrücke zurück. So entstehen die röhren- und netzartigen Gebilde in der Nähe der Wasserfälle, welche man Confetti di Tivoli nennt. An dem genannten Orte zeigt man dem Besucher unter andern die Matrize eines vollständigen Wagenrades mit Nabe, Speichen und Felgen in einem abgesprengten Travertinfelsen.

Da wo die Wasser ruhig ablagern konnten,

bildete der Travertin compacte, regelmäßige und sehr mächtige Schichtungen. Solche Ablagerungen von der bedeutendsten Ausdehnung finden sich, wie erwähnt, in der Ebene am rechten Ufer des Teverone, nahe unterhalb Tivoli. Von ihnen wurde das treffliche Material entnommen, aus welchem der Riesenbau des Colosseums, der Peterskirche, S. Paolo fuori le mura und die Façaden der meisten römischen Paläste ausgeführt wurden.

Der Travertin hat eine sehr homogene Bildung, selten sind fremdartige Körper eingesprengt. Er ist porös aber fest, und zeigt eine graugelbliche Färbung, die mit der Zeit den schönen röthlichen und goldgelben Schimmer annimmt, welcher die alten Bauwerke auszeichnet.

In weit geringerem Grade als seine Zuflüsse ist der Tiber reich an kohlensaurem Gas. Er besitzt die Fähigkeit nicht, Travertin zu bilden, dagegen ist seine wirbelnde Fluth von einer großen Menge von Schlamm getrübt, welcher ihm von je den Namen des „blonden Stromes" (flavus tiberis) erwarb. Diese Masse besteht aus Sand, Mergel und Glimmer, sie hat das ganze Marsfeld, auf welchem das heutige Rom steht, überdeckt. Auf den sieben Hügeln finden wir dagegen nicht allein den Tiberschlamm, sondern auch den Travertin, das unzweifelhafte Gebilde der Gebirgsströme, und zwar auf ihren Gipfeln 130 bis 140 Fuß über dem heutigen Meeresspiegel. Erinnern wir uns ferner, daß der Gianicolo und der Monte Mario mit allen seinen Verzweigungen bis acqua traversa aus Meersand, Kiesel und Sandstein besteht, in welche zahlreiche, dem Salzwasser angehörige Conchylien gemischt sind, so stellen sich zwei Thatsachen als unwiderleglich heraus: daß die Flüsse einst über die Gipfel der sieben Hügel hinflossen, und daß selbst die größten Höhen bei Rom in's Meer getaucht waren.

Hieraus folgt nun noch keineswegs, daß das Meer jemals 400 Fuß höher stand als jetzt. Ein solcher Meeresstand konnte nie ein partieller sein, er hätte den ganzen Erdkreis umfassen müssen; und es ist durchaus nicht abzusehen, wo eine so unermeßliche Wassermasse seitdem geblieben sein sollte. Es ist weit natürlicher, anzunehmen, daß die Wassermenge zu allen Zeiten dieselbe war, aber gleichmäßiger über die Erdoberfläche verbreitet stand. Vulkanische Kräfte trieben die sogenannten Urgebirge durch die älteren Kalksteinschichten hindurch oder hoben diese in den ungeheuersten Massen empor, oft ohne nur einmal ihre regelmäßige Lagerung zu zerstören. Auf solche Weise mag denn auch der Monte Mario gehoben worden sein.

Die Gase fanden aber Stellen, wo sie die Kalkschicht gänzlich durchbrachen, ihre Trümmer um sich schleuderten und Lava und Asche über sie verbreiteten. Die ausgeworfene Masse bildet in der Campagna eine vulkanische Schicht, deren Mächtigkeit auf durchschnittlich 100 bis 125 Fuß angegeben werden kann; denn dies ist die Tiefe aller auf den römischen Hügeln abgeteuften Brunnen. Die porösen Tufflager lassen nämlich die Feuchtigkeit durchsintern und erst da, wo der Schacht die maritimen Mergel- und Thonlager erreicht, trifft er auf Wasser.

In dieser weiten Schuttebene nun irrten die Flüsse umher, eine Bahn suchend, die ihnen durch immer neue Verschüttungen der vulkanischen Auswürfe wieder entrissen wurde. So entstanden die Versumpfungen und Kalke, in welchen jene gewaltigen Schlamm- und Travertin-Ablagerungen vor sich gehen konnten, in Höhen, die keine Ueberschwemmung unserer Tage entfernt mehr erreicht. So konnten Muscheln, die unzweifelhaft dem stagnirenden Süßwasser angehören, an Stellen zurück bleiben, wo bei der jetzigen Thalbildung eine Versumpfung geradezu unmöglich wäre, wie z. B. an dem steilen Südwesthang des Aventin, eine Erscheinung, die den Geologen räthselhaft erschienen ist. So entstand endlich die schichtenförmige Ablagerung der vulkanischen Asche, welche sie einer fluviatilen Bildung vollkommen ähnlich macht. Die ungleiche Dichtigkeit jener Schichtungen, welche oft durch Bimsstein- und Glimmer-Lager getrennt sind, erklärt sich genügend aus ihrer stufenweisen Entstehung durch aufeinander folgende Eruptionen.

Nachdem aber diese seltener geworden und dann ganz aufgehört hatten, wusch der Tiber seinen heutigen Thalweg durch die damals noch nicht durchgehends, und auch heute noch so ungleich verhärteten Schuttmassen. Daß der Strom vermochte, diese Arbeit bis zu einer Tiefe von

100 bis 150 Schuh auszuführen, wird nicht befremden, wenn man bedenkt, daß sein Gefälle vom Austritt aus dem Kalkgebirge bis zur Mündung höchst bedeutend war. Sein Zufluß, der Anio, hatte damals auf acht Meilen Lauf fast 600 Fuß Gefälle. Es liegt nämlich der Sibyllen-Tempel bei Tivoli 595 Fuß über dem Meeresspiegel, und es kamen auf die Meile durchschnittlich 80 Fuß Gefälle. Seitdem der Anio die vulkanischen Schuttmassen am Fuße des Kalkgebirges weggespült und seinen schönen Wasserfall gebildet hat, ist natürlich dieses Gefälle sehr viel geringer.

Wir haben nach den angegebenen Quellen dies Programm für Jahrtausende nicht aufgestellt als die allein mögliche Lösung der geognostischen Räthsel, welche die Umgegend von Rom bietet, sondern geben unsere Auffassung nur als eine nicht unmögliche, vielleicht wahrscheinliche Erklärung derselben. Eine demnächst zu erwartende Arbeit zweier römischer Gelehrten, des Monsignor Medici Spada und des Professor Ponzi, wird ohne Zweifel ein neues Licht über diese Verhältnisse verbreiten. —

Wir sind nun zu dem Standpunkt gelangt, bis zu welchem die Geschichte, oder doch ihre ältere Schwester die Sage, eine schwache Dämmerung verbreitet. Seitdem nun haben keine der großen Umbauten der Natur stattgefunden, welche die Bodenverhältnisse ganzer Länderstrecken umgestalten. Oftmals wiederholte Erdbeben haben das nicht vermocht, die Krater waren völlig ausgebrannt, die Travertin-Bildungen im Großen vollendet. In die Schuttmassen der Campagna waren die breiten Thalwege der Flüsse bleibend eingewaschen, wenn auch auf ihrer Sohle der Strom oft in neuen Windungen sein Bett grub. Die grauen Häupter der Kalkberge, welche all diesen Wandel geschaut hatten, umstehen den Schauplatz in hoher Pracht, heute wie damals. Aus den vorhandenen Nachrichten erkennen wir, daß nur noch die gewaltigen, zeitweisen Ueberschwemmungen des Tiber und die Ablagerung seines Schlammes die Form des Terrains verändert haben. Bis an die Spitzen der beiden Säulen an dem Porto di Ripetta zu Rom reichen die Markzeichen der Wasserfluthen, wie sie noch in unseren Tagen stattfinden. Im

Jahre 1598 erhob sich binnen kurzer Zeit der Spiegel des Tiber um 32½ Fuß. Gar nicht selten überschwemmt er plötzlich alle Gärten und Weinberge vom Fuß des Monte Mario bis zur Straße nach Ponte molle, und noch im Jahre 1846 stand das Wasser in der Stadt selbst bis nahe an den Spanischen Platz. Auf dem Corso fuhr man in großen Kähnen umher und nur Ponte Sisto war noch passirbar. Dieses schnelle und gewaltige Austreten des Tiber aus seinem Bette ist in der Bildung seines Stromthals begründet. Sowol ober- als unterhalb Roms ist dasselbe von einem Thalhang zum anderen durchschnittlich ¼ deutsche Meile breit. Zwischen dem Aventin aber und dem südlichen Fuß des Gianicolo, da, wo die jetzige Stadtmauer herabsteigt, treten sich die Höhen auf 1000 Schritt nahe. Hier muß natürlich jedesmal eine Stauung stattfinden, wenn nach heftigen Regengüssen im Gebirge Tiber, Nera, Velino, Anio, Paglia und so viele andere Zuflüsse ihre schnellen Fluthen herabführen. Dies mußte in noch höherem Maße stattfinden, als einst der Tiber auch noch den oberen Arno, oder doch

einen Theil seiner Fluthen aufnahm. Es ist
geschichtlich begründet, daß im Alterthum der
Arno seine ursprüngliche Richtung von Norden
nach Süden durch das fast wagerechte Chiana-
Thal fortsetzte. Strabo erwähnt, daß der größte
Theil der Wasser auf diesem Wege in die Paglia
abfloß, und Tacitus spricht von einer Gesandtschaft der Florentiner, welche im Jahre 17 vor
Christus dem Senat Vorstellungen gegen die
Absicht machte, dem Arno in der jetzigen Richtung Abfluß durch ihre Stadt zu verschaffen.
Als aber im Mittelalter das Chiana-Thal so
sehr versumpfte, daß unter andern die cassische
Straße dort gänzlich verschwand, da öffnete der
Arno selbst sein Bette durch die gola dell'
imbuta, und seine frühere Theilung nach Rom
und nach Florenz hörte auf.

Die Wirkung der Anstauung des Tiber vor
Rom hat sich in der Bildung der römischen
Hügel deutlich kund gegeben. Von dem hohen
felsigen Gianicolo zurückgewiesen, wälzten sich
die Fluthen gegen das niedrigere linke Ufer.
Dieses wird gebildet durch ein zusammenhäng-
endes Tafelland, welches östlich in langen

flachen Thälern zum Anio, westlich mit kurzem steilem Hang zum Tiber abfällt. Gegen diesen war die volle Gewalt der Wasser gerichtet. Sie durchbrachen ihn, wo der felsige Kern es nicht verhinderte, und wo sie den größten Widerstand fanden. Nur vier der berühmten sieben Hügel stehen in unmittelbarem Zusammenhang mit dem erwähnten Tafelland: der Quirinal, Viminal, Esquilin und Coelius; drei hingegen: Capitol, Palatin und Aventin erscheinen losgerissen.

Bei hohen Fluthen mußten die ersteren als Vorgebirge, die letzteren als Inseln sich darstellen; denn die gewaltigen Schuttmassen, welche jetzt die Zwischenräume ausfüllen, waren damals nicht vorhanden.

Diese Schicht, welche man hinwegdenken muß, um sich den früheren Zustand zu vergegenwärtigen, ist ungeheuer. — Das Marsfeld, welches noch zur Kaiserzeit wenig bewohnt war, ist im Laufe der Zeit dennoch um durchschnittlich 15 Fuß erhöht, die Fundamente, welche die Antonin-Säule tragen, stecken mit ihrer ganzen Höhe in der Erde. Das ausgegrabene forum Trajani liegt gegen 20 Fuß tiefer, als das jetzige Straßenpflaster. Der Boden des forum Romanum an der Phocas-Säule zeigt eine Differenz von 25 Fuß gegen den des jetzigen Campo vaccino und doch ruht diese Säule sowol als die Triumph-Bögen des Titus und des Constantin auf älteren Trümmern. Ungeheuere Schuttmassen füllen die Senkung aus zwischen dem Pincio und dem Quirinal. In der Vertiefung zwischen diesem letzteren und dem Viminal fand man ein antikes Straßenpflaster 40 Fuß unter dem jetzigen; ein anderes 21 Fuß tief zwischen dem Aventin und dem Tiber, und bei der Pyramide des Cestius liegt das aufgedeckte Stück der Via ostiensis 12 Fuß unter dem Niveau der neuen Straße. Selbst die Hügel wurden überschüttet. In der Villa Spada bedecken die Trümmer der Kaiserpaläste den ursprünglichen Gipfel um 40 Fuß, und der Aventin dürfte um beinahe ebensoviel erhöht sein.* Es ist daher gar nicht unwahrscheinlich, daß einst der Tiber im Maximum seiner Höhe auch östlich um die drei abgetrennten Hügel herumfloß. Varro spricht deutlich aus, daß der

* Brocchi, „dello stato fisico" etc.

Aventin von den übrigen Hügeln durch Wasser
getrennt war und daß man einen Quadrans
zahlte, um hinüber zu schiffen. Es ist keineswegs der Marrana-Bach gemeint, welcher noch
heute zwischen Palatin und Aventin fließt.
Dieser Bach, die Crabra, wurde wahrscheinlich
erst nach Agrippa's Zeit in die Stadt geführt.
Jedenfalls ist er eine künstliche Leitung. Ein
Blick auf das Terrain zeigt, daß das natürliche
Thal desselben erst bei der Villa Sta. Croce,
2000 Schritt südöstlich des Lateran, seinen Ursprung nimmt. Selbst das Velabrum minus,
das Thal zwischen Capitol und den übrigen
Hügeln, der wichtigste Platz des öffentlichen
Lebens, auf dem das forum Romanum lag,
wurde von den Fluthen erreicht, welche dort den
lacus Curtius zurückließen. Dieser wurde nach
und nach mit Schutt angefüllt. Man erhöhte
das Ufer des Stromes durch starke Mauern, aber
dennoch trat zu Augustus Zeiten das Wasser
auf das forum. Nach römischen Quellen war
es Tarquinius Priscus, welcher das Velabrum
durch Erbauung der cloaca maxima trocken
zu legen suchte. Der vollendete Keilschnitt,

welcher bei diesem merkwürdigen Gewölbebau zur Anwendung gekommen ist, hat die Vermuthung hervorgerufen, daß er zu einer viel älteren, in der Cultur aber der römischen weit vorgeschrittenen Periode entstand. Wir führen die Cloaca indes nur an als Beweis, daß der Tiber, nachdem er seinen Thalweg durch die vulkanische Ebene eingeschnitten, sein Bett durch Ablagerung von Schlamm nicht unbeträchtlich selbst wieder erhöht und auch dadurch zu den Ueberschwemmungen beigetragen hat. Nur bei sehr niedrigem Wasserstande nämlich kommt die Ausmündung des Abzugscanals nahe außerhalb Ponte rotto zu Tage. Die mittlere Fluth benetzt schon den Schlußstein des Gewölbes. Es ist aber durchaus unwahrscheinlich, daß der kunstfertige Erbauer die Sohle des Canals tiefer, als bis an den gewöhnlichen Wasserspiegel geführt haben sollte, wobei derselbe noch gegen 20 Fuß Gefälle erhalten haben würde. — Auch in noch späterer Zeit dauerte die Aufdämmung des Flußgrundes fort. Das durch die oben offene Kuppel des Pantheons einfallende Regenwasser sinkt durch Oeffnungen des Marmorbodens in einen zum

Tiber führenden Canal. Gegenwärtig tritt bei hohem Stande das Wasser des Stroms auf eben demselben Wege in das Gebäude und überschwemmt den ganzen Fußboden, was bei der ursprünglichen Anlage dieser Badehalle gewiß nicht stattfand. — Bedenkt man aber, daß der Tiber von Rom bis zur Mündung bei Finmicino überhaupt nur 20 Fuß Gefälle hat, und daß dies Gefälle zu keiner Zeit viel weniger betragen konnte, wenn der Fluß nicht aufhören sollte zu fließen, so ergibt sich, daß das Maximum der Aufdämmung doch nur wenige Fuß, vielleicht gerade die Höhe des Gewölbes der Cloaca betragen kann. Freilich mag in dieser Schlammschichte gar manches Kunstwerk begraben liegen, und Speculanten haben sich, in der Hoffnung den Schatz zu heben, mehrmals zu Baggerungen auf ihre Kosten erboten.

Wenn nun, trotz der Erhöhung des Flußbettes, die Ueberschwemmungen des Tiber lange die Höhe nicht mehr erreichen wie im Alterthum, so liegt dies in dem verminderten Gefälle des oberen Laufes, in der geringeren Wassermasse der Zuflüsse, und hauptsächlich in der allgemeinen Aufdämmung des römischen Bodens durch Millionen Kubikklafter von Schutt und Trümmern.

Die bedeutendste Ablagerung von Schlamm fand beim Tiber, wie bei allen Flüssen, an der Ausmündung in's Meer statt. Dionysius von Halicarnaß bemerkt ausdrücklich, daß dieser Strom, eine Ausnahme von der Regel, durch keine Sandbank gesperrt sei. „Denn er ergießt sich durch eine einzige Mündung und schlägt die Brandung des Meeres ab. Auch irrt er nicht durch Sumpf und Moor, da oder dort versiegend." Flußnachen fuhren bis nahe an seine Quellen, und große See- und Lastschiffe wurden durch Ochsen bis nach Rom hinauf gezogen. An der Mündung war der Tiber breit und umfaßte große Buchten gleich den besten Häfen. Diese Schilderung ist genau das Gegentheil von dem jetzigen Zustand. Der Hafen des Ancus Martius liegt 6000 Schritte landeinwärts. Ostia, welches einst 80,000 Einwohner zählte, umfaßt heute wenig mehr als 80 Menschen. Mit Anfang des Sommers ergreifen auch diese die Flucht vor den Aushauchungen der Sümpfe, die sie umringen. Der damalige Strom, jetzt der Fiume morto, ist fast zugewachsen. Kaiser Claudius ließ einen neuen Arm graben, aber auch der portus Trajani liegt heute reichlich 4000 Schritt vom Meere entfernt. Im Laufe von dritthalb Jahrtausenden hat der Tiber ein Delta vorgeschoben, zu welchem er alljährlich weit über 100,000 Kubikfuß Schlamm ablagern mußte.

II.

Die ältesten Landschafts-Gemälde, welche wir von der Gegend von Rom haben, zeigen uns eine weite Einöde und schauerlichen Wald. Ausgedehnte Sumpfniederungen trennen die einzelnen Hügel, und wo die Haine durch Menschenhand gelichtet, da weideten Rinder- und Schafheerden. Die zerstreuten Wohnungen der Hirten waren aus Zweigen und Schilf kunstlos erbaut oder mit leichter Mühe in die weichen Tuffwände eingeschnitten. Aus den Seiten der Hügel flossen zahlreiche Quellen hervor, welche heute versiegt sind oder nur noch unterirdisch in tiefe Brunnen rieseln. Die wilden Thiere stritten mit den Menschen um den Besitz dieser Waldeinsamkeit.

Wieviel von den Schilderungen Ovid's und Livius' Dichtung oder Wahrheit, dürfte schwer zu ermitteln sein. Gewiß aber ist, daß es um die Zeit der Gründung Roms in Italien nicht überall so aussah. Die Riesenbauten der Etrusker, welche allen Zeiten trotzen, die unbeschreiblich kunstvollen, mit Schriftzügen geschmückten Geschmeide, die schön gearbeiteten Waffen, die geschmackvollen Zeichnungen auf irdenem Geschirr, welche das große Museum, der Schoß der Erde, so zahlreich birgt, bezeugen die hohe Culturstufe der mittelitalienischen Völker.

Von welcher Bedeutsamkeit jene älteren Wohnplätze immerhin gewesen sein mögen, soviel steht fest, daß Jahrhunderte später, als Rom schon alle sieben Hügel bedeckte, seine Mauern noch weite Felder und Haine umschlossen, welche, den Göttern geweiht, von der Axt verschont blieben. Es waren die Ueberbleibsel jenes ursprünglichen Waldes.

Die vorherrschende Baumgattung war damals wie jetzt die immergrüne Eiche, quercus cerrus, ilex aesculus und robur. Auf dem intermontium, zwischen den beiden capitolinischen Gipfeln, welche die Arx und den Jupitertempel trugen, grünte noch zu Livius' Zeit der Eichenhain, in welchem Romulus das Asyl für Flüchtlinge anderer Städte gegründet hatte. Der Palatin, den Ovid den Waldigen nennt, nemorosi colla Palati, war, als Cicero lebte, mit einem Hain der Vesta geschmückt. Zwischen diesem Hügel und dem Esquilin stand unweit der summa sacra via zur Zeit des Symmachus ein Wäldchen von Cornel=Kirschbäumen, cornus mascula, und Varus erwähnt eines Myrthenhains im Thale des Circus maximus. Der Aventin war nach Dionys mit Bäumen aller Art bedeckt, in welchen Satyre, Faune und Waldgötter hauseten. Er ragte nach Ovid aus dem Schatten der Steineichen hervor. Das Grab des Tatius stand in einem Lorberhain, wahrscheinlich an derselben Stelle, wo noch heute ein schöner Baumgang von laurus nobilis nach dem Priorat von

Malta führt. Der Coelius heißt bei Tacitus „querquetulanus", und der Viminal hatte seinen Namen von den Weiden, die ihn bedeckten, wahrscheinlich salix caprea. Der Monte Pincio, später der Gartenhügel, war ein Wald, vielleicht von Pinien, deren Urenkel noch heute die Villa Borghese überschatten, und der vaticanische Hügel trug nach Plinius einst eine Steineiche, älter als Rom, auf welcher mit erzenen Buchstaben in etruskischer Sprache geschrieben stand, daß sie einem geweihten Haine angehöre. Eichen bedeckten den Janiculus und das Thal nach dem Tiber zu, wo Gracchus erschlagen wurde. Unter ihren Gipfeln rauschte damals die Quelle, deren Inschrift „Nymphis loci. Bibe, lava, tace", man im Garten des Palastes Salviati gefunden hat. Die Art mußte dem Mausoleum des Augustus auf dem Marsfelde Raum schaffen. Dieser Kaiser legte in der Gegend von Ripetta, damals außerhalb der Stadt, öffentliche Spaziergänge an und pflanzte dort Pappeln, Platanen, Buxbäume und Lorber.

Die Palmen waren zu allen Zeiten selten. Im

nördlichen Theil Italiens bei Bordighera an der Corniche, unweit Nizza, bilden sie wirkliche Wäldchen oder doch Bosketts von sechzig bis achtzig Stämmen. In und um Rom aber stehen sie stets nur einzeln, und es sind überhaupt nur etwa zwanzig größere Exemplare vorhanden. Die schönsten stehen im Garten des Priorats von Malta auf dem Aventin, bei den Capuzinern auf dem Coelius, unweit Porta Portese, in der Villa Massimi und im Seminar vor Porta Salara. Als besondere Merkwürdigkeit wird aufgeführt, daß während des Perserkrieges eine Palme, wol die einheimische chamaerops humilis, auf dem Capitol emporwuchs. Eine andere entsproß aus den Mauern des Hauses des August auf dem Palatin. Berühmt waren ferner ein Lotus-Baum, diospyros lotus, und eine Cypresse, sempervirens, am Lupercal im bewohntesten Theil der Stadt, so alt wie Rom, welche nach Plinius erst unter Nero abstarben. Auf dem Forum Romanum selbst, damals in seinem höchsten Glanze, entsprossen ein Olivenbaum und eine Rebe, welche vom Volke sorgsam geschützt und gepflegt wurden. Vor Allem heilig aber war der Feigenbaum, ficus ruminalis, an welchen die Mulde mit den Kindern Romulus und Remus angespült worden war. Er soll nach Tacitus bis zum Jahre 711 der Stadt grün geblieben sein. Die Weinrebe rankte wild in den Wäldern, aber der nützliche Oelbaum wurde erst zweihundert Jahre nach Gründung der Stadt aus den westlichen Küstenländern des mittelländischen Meeres eingeführt. Ebenso der Flachs aus Aegypten und die Luzerne aus Medien. Orangen- und Citronenbäume, welche doch jetzt so herrlich gedeihen, konnten nach Plinius damals weder durch Samen noch Pfropfreiser in Rom einheimisch gemacht werden.

III.

In unserem Norden verlassen wir, sobald die Sommerhitze einen hohen Grad erreicht, die Stadt und suchen eine freiere und gesundere Atmosphäre auf dem Lande. Umgekehrt ist es in Rom. Ende Juni flieht das Landvolk vor der Malaria und sucht Schutz gegen die Fieber in den engen schmutzigen Straßen der Stadt. Die Tenuten, die Weinberge, die Villen und selbst das Suburbano stehen verödet und menschenleer, und die wenigen Personen, deren Beruf sie noch länger festhält, schwanken bleich und abgemagert einher.

Nun sind aber auch innerhalb der Stadt gewisse Regionen als ungesund, andere als gesund bezeichnet. Die Luft von Trastevere gilt für verpestet und die Päpste übersiedeln des Sommers vom Vatican nach dem Quirinal. Die Strada Giulia, wo zu Leo's X. Zeiten die vornehmsten Geschlechter ihre Paläste erbauten, ist gänzlich verrufen; eine Straße, wie Tordinone hingegen, wo das ganze häusliche Leben im Freien geführt wird, wo aller Unrath auf dem Pflaster angehäuft liegen bleibt, hat den Ruf einer gesunden Luft für sich. In derselben Straße bezeichnet man Häuser als Fieberhöhlen, andere als frei von diesem Uebel. So ist das nördliche Ende des Corso gemieden, das südliche gesucht. Alle Wohnungen, welche an einem Berghang lehnen, sind vorzugsweise als gefährlich betrachtet, die Piazza di Spagna hingegen, welche doch ganz am Fuß der Höhen liegt, soll der gesundeste Theil von Rom sein.

Im Allgemeinen nimmt man an, je mehr Menschen in einer Straße leben, je mehr Feuer dort brennen, je gesünder ist sie. Unbedingt gefährlich sind aber alle Gärten, alle freien

Plätze und jede Baumpflanzung. Freilich sollte man von Allem das Gegentheil glauben.

Der Monte Pincio, mit achtzig Fuß hohen Terrassen aufgemauert, bildet einen der schönsten Spaziergänge der Welt. Von dort erblickt man die ganze lärmende Stadt zu seinen Füßen ausgebreitet. Zahllose Kuppeln und Thürme überragen die Masse von Palästen und Häusern. Staunend schweift der Blick über eine solche Mannigfaltigkeit alter und neuer Bauten. Neben jener weit sichtbaren Pinie im Garten der Colonna erhebt sich ein alter viereckiger Thurm, von welchem aus Nero dem Brande der Stadt zugesehen haben soll, indeß er zur Leyer sang. Weiter rechts ragt das Capitol hoch über den venezianischen Palast empor. Petrus und Paulus blicken von den Säulen des Antonin und Trajan herab, auf welche man sie gestellt hat, nachdem jene Schäfte, wie die Inschrift besagt, „von allem Unheiligen gesäubert" worden sind. In violetten Tinten malt sich der Janiculus ab, mit der stolzen Aqua Paula und dem Kloster St. Onofrio, wo Tasso seine Leiden endete. Riesenhaft tritt der Vatican aus dem Nebelduft

der Tiberniederung hervor, und das unverwüst=
liche Grabmal Hadrian's steht wie ein gewapp=
neter Krieger im Halbdunkel der Dämmerung.
Schon sendet die Sonne ihre letzten Strahlen
durch die Fenster des von Michel Angelo in die
Lüfte erhobenen Pantheons. Jetzt senkt sie sich
in das flimmernde Meer und der Himmel bildet
einen unermeßlichen Goldgrund, auf welchem die
Peterskuppel und die Engelsburg als Silhouetten
mit unbeschreiblich scharfen Umrissen abgezeichnet
stehen. Ein sanfter Lufthauch rauscht erquickend
durch die breiten Wipfel der Pinien in der
Villa Borghese, und die Wasser am Fuß des
Obelisken auf dem schönen Platze del Popolo
scheinen mit neuer Lebhaftigkeit zu plätschern.
Aber wo sind die Zuschauer dieses erhabenen
Sonnenuntergangs? Dort unten in jener Wagen=
reihe, in jenem Gedränge von Fußgängern ziehen
sie zwischen den noch glühenden Mauern des
Corso auf und ab, denn der Monte Pincio ist
für ungesund erklärt und gerade der Sonnen=
untergang der gefährlichste Moment des Tages. —
So auch, wenn nach einer Hitze von 30° Reaumur
im Schatten ein erquickender Regen die Luft

erfrischt, werden sorgfältig alle Fenster geschlossen, denn dann gerade ist die größte Gefahr.

Dem Fremden nun kommt dies Alles sehr wunderlich vor und er ist um so mehr geneigt, die ganze Theorie von der aria cattiva für eine Fabel zu halten, als er sich selbst in derselben ganz wohl befindet. — Schreiber dieses hat in der schlimmsten Jahreszeit, im August und September, täglich die verrufene Campagna von vor Sonnenaufgang bis oft nach Sonnenuntergang durchstreift und nie den geringsten Nachtheil davon verspürt. Die Italiener behaupten, daß nordische Naturen die nöthige Energie mitbringen, um zwei oder drei Jahre allen Einflüssen des Klimas zu trotzen, und wahr ist es, daß die Fremden nach längerem Aufenthalt dem Fieber erliegen wie die Eingeborenen. Ueberhaupt, wer die leidende Physiognomie des Landvolks dieser Gegend gesehen hat, wer da weiß, daß im Hospital S. Spirito alljährlich bis zu 40,000 Fieberkranke aufgenommen werden, der kann an der Schädlichkeit des Klimas während der Sommermonate bis zum October nicht zweifeln. Die

Thatsache steht fest und es fragt sich nur, ist dieser betrübende Zustand von jeher so gewesen, oder welche Ursachen haben ihn herbeigeführt?

Einige italienische Gelehrte sind der Ansicht, daß das Klima unverändert geblieben ist, und daß nur die jetzige Lebensweise, die Verzärtelung, und namentlich die Bekleidung mit Leinen statt der wollnen Toga Ursache der Krankheitserscheinung seien. Aber man weiß nicht, daß die Capuziner in ihren härenen Gewändern gesunder wären, als das Landvolk in seinen Manchester-Jacken. Auch die frommen Väter entfliehen aus ihren kühlen Kreuzgängen am Lateran und bei S. Paolo in die Stadt, sobald es heiß wird. Daß die Alten dem Gotte des Fiebers einen Tempel geweiht hatten, beweiset nur, daß die Krankheit ihnen nicht unbekannt war, eben so wenig darf man auf die Verderblichkeit des Klimas schließen, wenn verheerende Seuchen, meist in Folge von Mißwachs und Krieg, durch die Geschichtsschreiber erwähnt werden. Daß aber zu gewissen Zeiten des Jahres die Bevölkerung die Flucht ergriffen hätte, um sich dem verderblichen Einfluß der freien Luft zu entziehen, das finden wir nirgends aufgezeichnet, und doch wäre dies eine Thatsache, welche ein Beobachter wie Plinius wol erwähnt hätte. Wie hätten auch die Römer ihre Schätze zu solchen Parkanlagen verwenden mögen, welche während der Kaiserzeit die ganze jetzt verpestete Campagna bedeckten. Das Bedürfniß, die Liebe zum Gewinn konnten Ackerbau in einer die Gesundheit gefährdenden Gegend treiben; aber Anlagen, die nur den Zweck behaglichen Lebensgenusses hatten, würde man dahin nicht mit besonderer Vorliebe verlegt haben, wenn das nur zwei bis drei Meilen entfernte Gebirge einen gesunden Aufenthalt darbot.

Dionysius von Halicarnaß war ein Fremder und konnte das Klima von Mittelitalien mit dem seiner Heimath vergleichen. Er lobt es als das köstlichste, ohne für Rom eine Ausnahme zu machen. „Es ist aller Vorzüge und aller Wonne voll." Außer dem gebauten Lande, sagt er, welches drei Ernten gestatte, finde man Weiden für Schafe und Ziegen, Pferde und Rinder. Sie konnten damals auch im Sommer abgehütet werden, da sie jetzt doch im Juni schon vertrocknen, wahrscheinlich in Folge der

damals stärkeren Bewaldung und der größeren
Cultur, denn Dionysius nennt als Ursachen den
Thau und die Bewässerungsgräben, welche jetzt
fehlen. Er erwähnt des schönen Schiffbauholzes,
der Leichtigkeit, es fortzuschaffen, wegen der
Menge der Flüsse und der Nähe des Meeres,
der angenehmen Quellen, der Metalle, des
Jagdwilds und der Meereserzeugnisse. „Aber,"
schließt er, „das Herrlichste von Allem ist die Luft."

Und doch ist es gerade diese Luft, welche
nach der Volksstimme an allem Unheil schuld
sein soll. Nun mag sie immerhin die Trägerin
des Ansteckungsstoffs sein, aber die Ursache selbst
ist sie sicher nicht. Eine chemische Decomposition
dieses beweglichen Elements müßte nothwendig
an allen Orten fühlbar sein. Erwägt man,
daß die Campagna di Roma in der Entfernung
von drei Meilen östlich durch ein bis tief in
das Frühjahr mit Schnee bedecktes Gebirge, in
derselben Entfernung westlich durch das heitere
Becken des mittelländischen Meeres begrenzt ist,
und daß die Gebirgsbewohner so wenig wie die
Schiffer etwas von Malaria wissen; bedenkt man
ferner, daß der mäßigste Wind binnen wenig

Stunden eine neue Luftschicht über Rom aus=
breitet, welche eben erst die besten Eigenschaften
gezeigt hat, so wird man die Luft selbst wol
freisprechen müssen.

Andere nehmen an, daß in der Campagna eine
Polarität des animalischen und des vegetabilischen
Lebens walte. Gerade die mit Bäumen bestan=
denen Gegenden seien die allerungesundesten, so
die Villa Borghese bei Rom und die schönen
Wälder bei Ostia, wo der wilde Wein zu mehr
als 100 Fuß Höhe an den gewaltigen Pinien=
stämmen emporrankt und die Erika manneshoch
wuchert. Wie in vielen Ländern Mosetten sich
als die letzte Regung vulkanischer Thätigkeit
darstellen, so finden sich auch bei Rom und
namentlich im Tiberbette selbst solche Quellen
irrespirabler Luft. Die Kohlensäure, welche sie
aushauchen, befördert den üppigsten Pflanzen=
wuchs eben so sehr, wie sie dem Leben der Thiere
verderblich ist. Nun befindet sich aber der Büffel,
welcher bis an den Hals in den stagnirenden
Pfützen von Ostia steckt, vortrefflich, Rinder,
Pferde, Schafe und Schweine gedeihen zu vor=
züglicher Güte und das Gras wimmelt von

Eidechsen, Schlangen und Insecten. Nur eben
der Mensch leidet. — Judem erklärt sich die
ungesunde Luft bei Ostia zur Genüge aus den
dortigen Sümpfen, und die Villa Borghese ist
ein viel zu beschränkter Raum, um irgend einen
Schluß zu begründen.

Wenn man von der Malaria reden hört, so
könnte man glauben, Rom läge in einem Sumpfe,
welcher der Luft seinen Pesthauch mittheilt, indem
sie über ihn hinstreift. Dies ist nun aber auf
keine Weise der Fall, vielmehr ist die Campagna
durchweg ein vorzugsweise trockenes, meist dürres
Hügelland, von schnellfließenden Strömen und
Bächen durchschnitten, deren vorübergehende
Ueberschwemmungen sich nie über die eigent=
liche Thalfläche hinaus erstrecken. Die nächsten,
immer nicht sehr ausgedehnten Sumpfflächen,
die Paludi von Ostia, sind drei deutsche Meilen
von der Stadt entfernt. Die größeren ponti=
nischen Sümpfe hingegen liegen beinahe eben
so nahe an Neapel, als an Rom, und doch
hört man Nichts von ihrem üblen Einfluß auf
die Campagna felice, die sorgfältig angebaute
Fläche, welche jene Hauptstadt umgibt.

Auch der Gelehrte Brocchi glaubte das Uebel in der nächtlichen Ausdünstung des Erdbodens zu finden. An einer besonders für ungesund gehaltenen Stelle, in dem feuchten Schilfgrunde bei S. Lorenzo fuori le mura sammelte er während mehrerer Nächte in einem mit der höchsten Vorsicht zugerichteten Apparate den atmosphärischen Niederschlag. Trotz der sorgsamsten chemischen Analyse gelangte er jedoch zu keinem anderen Resultate, als — zu einem tüchtigen Wechselfieber.

Wenn wir nun aus den geschichtlichen Zeugnissen folgern dürfen, daß das römische Klima keineswegs zu allen Zeiten ein verderbliches gewesen ist,* so liegt die Frage nahe, was sich

---

* Erst seit dem 10. Jahrhundert unserer Zeitrechnung vernimmt man, wie bei Reumont zu lesen, allerlei Klage über die Ungesundheit Roms. Heutzutage sind die Straßen Roms so sauber wie die von Paris. Und doch ruft's in unseren Tagen laut wie vor achthundert Jahren aus so manchem alten oder neuen Quartier der Stadt, was San Pier Damiani an Papst Nikolaus II. schrieb:

Roma vorax hominum domat ardua colla virorum,
Roma ferax febrium necis est uberrima frugum.

Anm. d. Herausg.

denn in der römischen Natur seit jenem besseren Zustande geändert hat?

Die Ueberschwemmungen des Tiber wiederholten sich damals in bedeutenderer Ausdehnung noch, als jetzt. Die pontinischen Sümpfe waren zu allen Zeiten vorhanden und für ihre Trockenlegung wenig geschehen. Auch die Versumpfung der Tibermündung hatte lange vor der Kaiserherrschaft schon begonnen, und wir haben gesehen, daß, so weit die Geschichte reicht, keine großen Revolutionen die Gestaltung des Bodens mehr veränderten. An eine chemische Zersetzung seiner Bestandtheile können wir um deswillen nicht gut glauben, weil er sich auch in anderen Wirkungen kund geben müßte. Es wachsen aber noch heute um Rom alle die Pflanzen, welche Plinius dort gekannt hat, nur einige Arten mehr, welche später dorthin versetzt sind. Ebensowenig hat sich die Thierwelt verändert, sie spürt Nichts von der Malaria. — Was sich aber seit etwa tausend Jahren gänzlich geändert hat, das ist der Anbau, — nicht das Qualitative, sondern das Quantitative in Pflanzen-, Thier- und Menschenwelt.

Nun läßt sich noch keineswegs behaupten, daß ein nicht angebauter Boden an und für sich ungesund sei, sonst müßten ja gerade die Erbauer Roms am meisten gelitten haben. Auch von den Ansiedlern in Nord-Amerika wissen wir nicht, daß das von keinem Pfluge noch berührte Land Krankheiten erzeuge. Constantinopel liegt in einer noch viel wüsteren Gegend als Rom. Dieses ist doch von einem Gürtel höchst sorgfältig bebauter Gärten und Weinberge umschlossen, welcher sich $^1/_2$ bis 1 Meile um die Stadtmauer ausbreitet. Wenn man hingegen die mit Cypressen bedeckten Begräbnißplätze von Pera im Rücken hat, so trifft man bis zum schwarzen Meer eine durchaus wüste Haidegegend, und aller Anbau beschränkt sich auf die Thalhänge des Bosporus. Dennoch ist Constantinopel gewiß einer der gesundesten Wohnorte in der Welt. Dazu mag freilich die Lage des thrakischen Chersonesus zwischen zwei Meeren und der schöne Wald von Belgrad beitragen; auch fehlt jede Nachricht darüber, daß dieses wasserarme Land je in einem besseren Culturzustande gewesen wäre.

Dagegen scheinen alle solche Orte vorzugsweise ungesund zu sein, welche einst eine große Menschenzahl umschlossen und dann verödeten. Wir wollen als Beispiel nur Nicäa, Pästum und Antiochien anführen, wo der Reisende nur ein Nachtlager zu nehmen braucht, um wahrscheinlich ein Fieber davon zu tragen.

Wenn wir die verschiedenen Stadien betrachten, welche den Culturzustand der römischen Campagna durchlaufen, so sehen wir in den ältesten Zeiten eine Waldregion, in welcher die Axt Raum für den Pflug machen mußte. Mit der steigenden Macht und der zunehmenden Bevölkerung der Stadt dehnten sich die Ackerfelder immer mehr aus, der Wald wurde immer mehr gelichtet und wenn zwar noch ein beträchtlicher Theil des Bodens zur Weide der Heerden benutzt wurde, so ist dies kein Zeichen einer mangelhaften Cultur. Auch in England bleibt tragfähiges Land für die Viehzucht liegen, weil es weit leichter ist, Korn, als Fleisch für eine große Bevölkerung aus der Ferne herbei zu führen. Als Rom über alle Länder gebot, welche das mittelländische Meer umschließen, waren Aegypten und Sicilien seine Kornkammern, und die Ackerfelder und Weiden um Rom konnten in Landsitze und Gärten verwandelt werden, welche kaum noch Etwas producirten und nur der Pracht und dem Vergnügen geweiht waren. Dadurch nun und durch die immer mehr anwachsenden Latifundien wurde die eigentlich arbeitende Classe des Landvolks verdrängt. Die ungeheuren Summen, welche die Anlage und die Unterhaltung jener Villen kosteten, strömten von außerhalb herbei. Aber während dieser höchsten Blüthe hatte der Verfall des Reichs schon begonnen, mit ihm versiegten die Quellen des Reichthums und die ertraglosen Lustgärten verödeten, ehe noch die feindlichen Heere sie zertraten. Während des ganzen Mittelalters herrschte eine Unsicherheit, welche jede Ansiedelung in der nun einmal entvölkerten Gegend unmöglich machte. Selbst die alten Straßen wurden verlassen und man bequemte sich zu Umwegen, um die Nähe der Raubschlösser zu vermeiden, wie denn das der Gaetani daran schuld ist, daß noch heute die Porta Latina geschlossen und die Straße nach Albano zur Porta

S. Giovanni hinaus führt. Selbst als eine Reihe kräftiger Männer auf dem Stuhle St. Peter's einen besseren Zustand in Rom hergestellt hatten, als die Grafen von Tusculum vernichtet, die Colonna und die Corsini gedemüthigt waren, herrschte doch in der Campagna noch eine Unsicherheit, von welcher die z. B. durch Leo X. angelegten Casali das beste Zeugniß ablegen. Diese Meierhöfe sind vollständige Burgen mit Thürmen, Zinnen und Gräben, in welchen man noch heute dem Angriff einer Räuberhorde entgegentreten könnte.

Von diesen ist nun Nichts mehr zu fürchten, aber andere und schwere Hindernisse stehen dem Wiederanbau der Campagna entgegen, die nicht sowol in der Natur als in den gesellschaftlichen Zuständen begründet sind.

Seitdem die Waldgötter aus den schauerlichen Hainen vertrieben, sind auch die Najaden aus ihren Grotten verscheucht. Der Wasserreichthum der Quellen hat sich vermindert und der Thau senkt sich spärlicher auf die von der Sonne verbrannten Fluren. Es unterliegt aber wol keinem Zweifel, daß ein bedeutender

Theil dieser Fläche der Forstcultur zurückgegeben werden könnte. Der Tiber und namentlich der Anio haben Wasser und Gefälle genug, um ein Riesel=System zu schaffen, dessen Entstehung sogar durch die geringe Zahl von Eigenthümern einer ungeheuren Bodenfläche erleichtert werden müßte. Aber gerade diese ungleiche Vertheilung des Eigenthums ist das Haupthinderniß für die Entwickelung eines besseren Zustandes. Die Kathedrale von St. Peter, das Hospital S. Spirito, die Fürsten Borghese haben Hunderttausende von Morgen Land inne, von denen höchstens $1/7$ alljährlich beackert wird. Für diesen Zweck werden ganze Scharen von Arbeitern in den umliegenden Gebirgsorten angeworben, andere kommen aus noch entfernteren Provinzen herbei. Da keineswegs auf allen Tenuten ein Casale oder nur ein Nothdach vorhanden ist, so schläft die Mehrzahl dieser Menschen, welche Tags bei einer Hitze von 40° in der Sonne gearbeitet, Nachts auf dampfender Erde unter freiem Himmel. Je weiter die Jahreszeit fortschreitet, je ungesunder wird der Aufenthalt im Felde, und in immer größerer Zahl wandern die Arbeiter den

Spitälern zu. So kommt es, daß in der Erntezeit ein Tagelohn von mehr als einem Thaler für den Mann gezahlt werden muß. Natürlich kann der Gewinn aus einer solchen Ackerwirthschaft nicht groß sein, und Rom bedarf, auf einem höchst fruchtbaren Boden und unter dem schönsten Himmel gelegen, alljährlich einer sehr bedeutenden Zufuhr des ersten Lebensbedürfnisses, des Korns, von Außen her. Nun sollte man meinen, daß es im Interesse des römischen Adels selbst läge, den Grundbesitz zu zertheilen, oder doch in Erbpacht zu geben. Mit dem letzteren Verfahren ist wirklich ein Anfang gemacht, aber leider der Versuch wieder aufgegeben worden.

Wer an den großen Festtagen der Kirche, wo der Papst „der Stadt und dem Weltkreis" seinen Segen von der Loggia des Lateran oder St. Peter's ertheilt, noch Zeit hat, von dem Gepränge des Clerus ab und über die Wagen der Fremden und die Reihen der Truppen hinweg zu blicken auf die Tausende von Menschen, das eigentliche Volk, welches zu dieser Feier viele Meilen weit aus den Nachbarstädten zusammenströmt, der erstaunt gewiß, fast Nichts als eine endlose Menge von zerlumptem Gesindel zu erblicken. Wir sprechen hier von der äußeren Erscheinung. Es steckt in diesem Volke eine uralte Cultur, eine Gesittung, welche sich in den größten Versammlungen, in der ausgelassensten Freude des Carnevals vortheilhaft ausspricht und die Roheit unseres Pöbels fern hält. Wenn aber einige Bildung des Geistes, verbunden mit einem die unabhängige Stellung sichernden Vermögen, den Mittelstand einer Nation ausmacht, den wir uns nicht ohne eine gewisse Decenz der äußeren Erscheinung und der Kleidung denken, so fehlt dieser Stand um Rom gänzlich. — Die wichtige Classe der kleinen Grundbesitzer ist in der ganzen Campagna nicht vorhanden. Die großen Grundherren haben daher keine rechte Bürgschaft in der Person derer, denen sie ihre Grundstücke verpachten. Es fehlt am Inventar, an festen Wohnplätzen, am Betriebs-Capital. So nehmen sie lieber den geringeren, aber sicheren Vortheil, den ihnen der Mercante di Campagna bietet (eine Mittelsperson, welche den Ackerbau als kaufmännische Speculation betrachtet), und den Zins, welchen

die Rinderheerden für die Weide entrichten. So
lange aber die großen flächen nicht durch Par-
zellirung in die Hände vieler kleiner Eigen-
thümer übergehen, ist an eine dauernde Ansiedelung und Wiederherstellung der Cultur in dem
ager romanus nicht zu denken.

Ob nun eine solche Cultur auch den früheren
besseren Zustand der klimatischen Verhältnisse
wieder herstellen wird, läßt sich mit Zuversicht
nicht vorhersagen. Aber es liegt doch sehr nahe,
anzunehmen, daß die einzige wesentliche Verän-
derung, welche seit der Verschlechterung einge-
treten, auch die Ursache der Verschlechterung sei.

Die Campagna von Rom ist das gelobte
Land der Maler. Nach ihnen gibt es nirgends
schönere Umrisse, als die des Albaner-Gebirges,
nirgends eine wärmere Färbung, als das Braun
der weiten fläche, über welche ein tiefblauer
Himmel sich erhebt. Ein dem spanischen Picadore
vollkommen ähnlicher Reiter auf einem kohl-
schwarzen Hengst, der mit dem langen Stabe
eine wild einherstürzende Heerde mächtig ge-
hörnter Ochsen lenkt, oder ein Hirt, in Ziegen-
felle gekleidet, dessen Schilfflöte in der Einsamkeit

einer Tempelruine ertönt, bilden die Staffage, die Wölbung einer halbverfallenen Wasserleitung den Rahmen des Bildes. Allein, welcher Zauber auch in dem tiefen Schweigen dieser Natur liegt, welche Erinnerungen sich an eine Welt der Vergangenheit knüpfen, so glauben wir doch, daß das, was die öde Campagna an Reizen verlöre, die angebaute reichlich wieder gewinnen würde, und herzlich wünschen wir, daß eine künftige Generation den Vergleich anstellen möge."

Die Absicht des Freiherrn von Moltke ging dahin, den Leser in systematischer Ordnung zu jedem Thore der ewigen Stadt hinaus und in jedes hinein zu geleiten, "den Wegen in ihren Verzweigungen nachzugehen, bei jedem noch so unscheinbaren Trümmerhaufen einen Augenblick still zu stehen". Eine Reihe erzählender Aufsätze sollte diese Ruhepunkte bezeichnen, indem sie für jeden Ort der Umgebung Roms die Geschichten und Sagen, durch welche er bemerkenswerth geworden, auf Grund umfassender Quellenstudien anschaulich vorführten. Von der eigentlichen Wanderung* sind kaum

* In jüngster Zeit hat ein bewährter englischer Schriftetliche Zeilen zu Papier gebracht worden. Von den historischen Aufzeichnungen finden sich fünf, zum Theil nur bruchstücksweise vor. Es geht den Ordner dieser Mittheilung hart an, nicht alle Fragmente gerade wie sie sind, zum Abdruck zu bringen. Doch — er fürchtet den olympischen Zorn des Verfassers, der diese Aufsätze für unfertig erklärt, und beschränkt sich daher auf die Wiedergabe von drei Erzählungen, die Rom, wie am Anfang so am Ende seiner antiken Laufbahn, kennzeichnen: den Auszug der römischen Bauerschaft nach dem „heiligen Berg" in den Jahren 494 v. Chr. — den Untergang der Fabier am Cremera 477 v. Chr. — und die Entscheidungsschlacht zwischen Constantin und Maxentius 312 n. Chr.*

steller solche Wanderungen in Roms Umgegend in einem anmuthigen Werke: Days near Rome by Augustus J. C. Hare (London bei Daldy Isbister u. Co.) behandelt.

* Außer diesen handelt ein Abschnitt von der Fossa Cluilia, einem Abzugsgraben, durch welchen vor Alters „das Thal von Grotta ferrata am Fuße des Albaner-Gebirges entwässert und aus einem See in ein fruchtbares Kesselthal umgewandelt wurde", und den beiden Ereignissen an dessen Ufer, welche in allen Sagen von Roms Ge-

Mons Sacer.

Im Jahre 260 nach Erbauung der Stadt, zog die mißvergnügte Plebs auf den Rath eines gewissen Sicinius, ohne Befehl der Consuln auf den heiligen Berg hinaus, jenseit des Flusses Anio, 3000 (römische Doppel=) Schritte von der Stadt. Hier schlugen sie, ohne alle Anführer, ein festes Lager mit Wall und Graben auf, und hielten sich, ohne etwas zu nehmen als die nöthigen Lebensmittel, mehrere Tage ruhig.

schichte eine so große Rolle spielen: der Kampf der Horatier und Curiatier, und die Bedrohung Roms durch Coriolan. Ein anderes Capitel war den langen Kämpfen um Fidenae, seiner allmäligen Colonisirung und schließlichen Vernichtung gewidmet. Dieser Brückenkopf Veji's — wie ihn Mommsen nennt — die „hochgelegene und feste Stadt" auf dem linken Tiberufer, fünf Millien von Rom, sucht unser Autor nicht bei Castel Giubileo, sondern „auf dem hohen Thalufer, auf welchem jetzt die Villa Spata steht. Der Raum, welchen sie einnahm, ist von zwei tiefen Thälern umschlossen und für die Vertheidigung wol geeignet. Denn die Abfälle zu diesen Schluchten wie zum Tiber sind steil und schwer ersteigbar, so daß nur die schmale südöstliche Front sorg= fältig befestigt zu werden brauchte."

wurden von Niemand angegriffen und vergriffen sich an Niemand.

Die von Livius angegebene Entfernung stimmt sowol für die salarische als für die nomentanische Brücke über den Anio, allein bei dem zweiten späteren Auszug nach dem heiligen Berg wird ausdrücklich erwähnt, daß der Zug sich auf der nomentanischen Straße bewegte, welche damals die ficulensische hieß, und Varro setzt hinzu, daß das Lager der Plebs auf der crustumerischen Feldmark gestanden habe.

Was beabsichtigten die Unzufriedenen durch diese kurze Auswanderung? Wie konnten sie hoffen, durch einen solchen Schritt eine Verbesserung ihrer bürgerlichen Lage zu erreichen? Wollten sie die alte Heimath am Tiber aufgeben, um eine neue am Anio zu gründen? Aber dies Land hatte schon seine Herren, es gehörte zum Theil ihnen selbst. Wollten sie das eigene Vaterland bekriegen? Dann hätten sie in Rom eindringen, nicht hinausgehen müssen. Oder wenn sie den Patriciern blos ihres Armes Schutz entziehen wollten, während Volsker und Sabiner sich feindlich rüsteten, wie lange wollten sie denn auf dem Hügel am Anio schmollen; wovon leben, da sie doch der Patricier Aecker gewissenhaft schonten; wer endlich sollte ihre in Rom zurückgelassene Habe, wer ihre Weiber und Kinder dort schirmen?

Sie griffen Niemand an und wurden nicht angegriffen, und dennoch schickte der stolze römische Senat nach wenig Tagen schon eine Gesandtschaft von Zehn seiner Mitglieder an sie ab, wie man es mit einem siegenden Feind herkömmlich gethan haben würde! Wo ist der Schlüssel zu diesen Räthseln?

Wir wollen uns von dem Scharfblick Niebuhr's, dieses rückwärts gekehrten Propheten, durch das Dunkel jener Begebenheiten leiten lassen.

Es wäre eine ganz irrige Auffassung, wollte man sich die Patricier als den bevorzugten Adel, die Plebs als die große Masse des gemeinen, meist unbegüterten Volkes vorstellen.

Der Adel, wenn man das Wort gebrauchen will, war in beiden Parteien vorhanden, und der Name der ersten Häupter des Plebs, die Licinier und Icilier, stand dem der Quinctier und Postumier nicht nach. Auch an reichen, und zwar sehr reichen Plebejern fehlte es nicht. Die alte römische Plebs bestand ausschließlich aus Landwirthen, sie waren Ackerbürger, und Handel und Gewerbe waren ihnen sogar untersagt. Somit erscheinen sie als die achtbare Classe der Landleute, von der Cato behauptet, daß sie die wenigsten bösen Gedanken habe. Sie bildeten recht eigentlich die Kraft und den Nerv des Staates, wie sie denn das ganze Fußvolk ausmachten.

Die Patricier waren der Priesterclasse entsprossen, die Plebs meist aufgenommene Latiner; jene Lehnsträger der Republik, berechtigt zur Benutzung des Gemeindelandes, diese mit Landeigenthum abgefunden, freie Allodialbesitzer. Die Ersteren waren in Geschlechter vereint, die mit ihren Clienten (welche keineswegs Plebejer) oft sehr zahlreich waren; diese Letzteren in einzelne Familien getrennt. So bildeten beide Parteien zwei gesonderte Völkerstämme, in einen Staat zusammengefaßt, aber ohne gegenseitiges Eherecht. Und bei dieser Theilung der Nation dürfte sogar das Uebergewicht der Zahl nicht einmal sehr merklich auf Seite der Plebejer gewesen sein.

Um so gefährlicher war die Spaltung. Seit durch den Tod des letzten Tarquiniers die Furcht vor der Rückkehr der alten Königsfamilie beseitigt war, hatten die Patricier die übrigen Bürger von allem Antheil an der Regierung wie an den Gemeindeländereien verdrängt. Verarmung beraubte viele Plebejer ihres Erbes. Mit ihrem Blute erkämpften sie Siege, aber die eroberten Grundstücke kamen ihnen nicht zu gut. Selbst die Kriegsbeute, welche sie bei ihrem Eid verpflichtet waren abzuliefern, wurde ihnen vorenthalten und floß in den Schatz der Patricier. Sie mußten in den ununterbrochenen Kriegen zugleich steuern und fechten. Am ärgsten aber drückten das Volk der heillose Geldwucher und die barbarischen Schuldgesetze. Der Zinsfuß war unbegrenzt und wurde nur durch die Habsucht auf der einen, die Noth auf der anderen Seite bestimmt. Durch die zum Capital geschlagenen Zinsen wuchs schnell die Schuld und, wer der Forderung nach des Prätors Spruch innerhalb der gesetzlichen Frist nicht genügte, wurde mit

Kindern und Enkeln als Schuldknecht dem Gläubiger zugesprochen, der sich an ihrer Person und ihren Dienstleistungen bezahlt machte. Da nach und nach fast der ganze Bürgerstand verarmte, so erlangten die Patricier dadurch eine wahrhaft furchtbare Gewalt. Jedes patricische Haus glich einem Schuldthurm, in welches an jedem Gerichtstag Scharen von Gefesselten abgeführt wurden. Die Valerischen und andere zum Schutz der Bürger gegebene Gesetze waren unter den Schrecken der Dictatur abgeschafft oder unwirksam gemacht. Den Widerstand der Plebejer beseitigte man durch die Aushebung zum Kriegsdienst, denn wenn das Heer die Bannmillie überschritten, so war die Gewalt des Imperiums unbeschränkt.

So kam es dahin, daß ein römisches Heer die Flucht dem Siege vorzog, blos damit ein ihm verhaßter Consul den Triumph nicht erlange; dahin, daß das Erscheinen auswärtiger Feinde den Senat mit Bestürzung, die Plebs mit Hoffnung erfüllte. Die Bürger verweigerten es geradezu, die Waffen zu ergreifen. Die Väter möchten nur Dienste thun, damit nicht stets den Einen die Gefahren, den Anderen die Belohnung des Kriegs zufielen; für ihr Vaterland wollten sie fechten, nicht für ihre Zwingherren.

Ein Funke entzündete endlich den gehäuften Brandstoff. Ein Greis, dem Schuldkerker entsprungen, rief in Todesangst den Beistand der Quiriten an. Er zeigte dem Volk auf seinem Rücken die schmählichen Spuren der Geißel, auf seiner Brust die ehrenvollen Narben, die er in achtundzwanzig Schlachten davongetragen hatte. Man erkannte in ihm einen ehrwürdigen Hauptmann. Der Krieg hatte seine Habe zerstört, die Hungersnoth ihn gezwungen, Alles zu verkaufen. Wucherischer Zins hatte seine Schuld vervielfacht, der Gläubiger ihn und seine Söhne in Ketten gelegt.

Die Erbitterung war groß und das Volk verspottete die Aufforderung zu den Waffen. Dennoch als nun in der äußersten Noth zugestanden wurde, daß das Eigenthum eines im Lager stehenden Kriegers nicht mit Beschlag belegt oder verkauft werden solle und daß an seine Kinder und Enkel ein Anspruch nicht zu machen sei, da ließen sich sofort alle Schuldsklaven einschreiben und Niemand that es ihnen an Tapferkeit zuvor. Aber kaum kehrten sie heim, als man mit derselben Härte gegen sie verfuhr.

Im folgenden Jahre drohte abermals Krieg. Die Patricier griffen zum letzten Mittel, zur Dictatur. Zum Glück erwählte man den vom Volk geliebten Valerius. Zehn Legionen rückten aus, siegten überall und kehrten schneller heim, als dem Senat lieb war.

Derselbe verweigerte die von dem Dictator zugesagte Befreiung der Schuldknechte im Heer; da legte dieser sein Amt nieder. Den Frieden nach Außen habe er hergestellt, den im Innern wolle man nicht. So wünsche er beim Aufruhr lieber Privatmann, als Dictator zu sein. — Das Volk fühlte, daß Valerius nur durch Verletzung der Verfassung sein gegebenes Wort hätte lösen können, und mit der unveränderlichen Achtung vor dem Gesetz, welche das römische Volk charakterisirt, begleitete es ihn mit Beweisen des Wohlwollens in seine Wohnung.

Noch waren sechs Legionen unter den Waffen, und da man unter dem Vorwand eines neuen Krieges sie im Felde bleiben hieß, so brach nun die Empörung aus.

Die Soldaten hatten den Consuln geschworen. Anfangs wollten sie diese ermorden, allein als sie belehrt wurden, daß eine solche Frevelthat sie ihres Eides nicht entbinde, setzte das Heer sich den L. Sicinius Bellutus zum Anführer und zog auf den heiligen Berg.

Wir übersehen jetzt die Gründe, welche diese Maßnahme herbeiführten. Das Beispiel der vier Legionen des Dictators hatte die übrigen belehrt, was sie zu gewärtigen hatten, sobald sie in die Stadt einzögen. Sie wären unverzüglich in die härteste und grausamste Knechtschaft zurückgekehrt. Daher blieben sie draußen, deshalb nahmen sie den Anio zwischen sich und Rom und wählten eine Stellung, die nicht zweckmäßiger gefunden werden kann, um sowol Gewaltmaßregeln des Senats zu begegnen, als äußersten Falls die Hilfe der Sabiner in Anspruch zu nehmen. Auf drei Seiten von Wasser umflossen, war das Lager gegen die allein zugängliche Nordseite leicht zu verschanzen. Es war keineswegs die gesammte Plebs, welche auszog, sondern nur ein Theil ihrer jungen, waffenfähigen Mannschaft, welcher nicht einzog. Die große Masse der Bürger war in der Stadt in seinem Besitzthum mit Angehörigen, Weibern und Kindern zurückgeblieben, und diese zu schützen, standen sie ohne Zweifel damals auf den plebejischen Hügeln Aventin und Esquilin unter Waffen.

So erklärt sich auch die verschiedene Angabe der späteren Schriftsteller, indem einige den Auszug nach dem heiligen Berg, andere nach dem Aventin verlegen. Wahrscheinlich sahen sich die Bürger durch einen Theil des Landvolkes unterstützt, auch besaß der Aventin damals eine eigne Arx oder Citadelle. Aber das Heer lagerte auf dem heiligen Berg, dort waren die Führer des Aufstandes, und dort wurde der Friede verhandelt.

Die übrigen römischen Hügel waren in der Gewalt der Patricier, welche den großen Vortheil hatten, Regierung zu sein. Um sie scharten sich die zahlreichen Clienten. Die Claudier zählten deren allein fünf Tausend. Allein diese bestanden zumeist aus Handel- und Gewerbtreibenden, von denen für die Legionen nicht ausgehoben wurde. Sie waren der Waffen unkundig und nicht geeignet, dem kräftigen Landvolk Stand zu halten.

Eine solche Lage der Dinge durfte ohne die äußerste Gefahr einer gänzlichen Vernichtung des römischen Staates nicht lange bestehen. Die Eroberung der patricischen Quartiere konnte nur durch Ströme von Blut erkauft werden, und die Sieger wären auf den rauchenden Trümmern ihrer Vaterstadt, den feindlichen Nachbarvölkern gegenüber, ihres unseligen Triumphes nicht lange froh geblieben. Gewaltschritte gegen die Plebs waren aber nicht minder bedenklich. 12 bis 15000 Bewaffnete (denn die damalige Stärke der Legionen ist ungewiß), welche eben erst im Felde gesiegt, die Nichts zu verlieren hatten, wären sofort durch die von ihren Landsleuten besetzten südöstlichen Thore der Stadt eingerückt. Die Patricier hatten überhaupt am meisten zu verlieren, und von den auswärtigen Feinden mehr als die Plebs zu fürchten.

So geschah es, daß die Anträge auf eine Aussöhnung von den Patriciern ausgingen.

Ihr großer Rath ermächtigte den Senat zu unterhandeln. Eine förmliche Gesandtschaft von Zehn seiner vornehmsten Mitglieder ging zu den Abtrünnigen auf den heiligen Berg.

Die Abgeordneten benahmen sich unter diesen schwierigen Verhältnissen mit ausnehmender aristokratischer Weisheit, indem sie gegenwärtige und persönliche Opfer nicht scheuten, um ihren Stand vor künftiger und bleibender Beeinträchtigung zu bewahren. Alle Schuldcontracte wurden vernichtet, Alle, welche durch richterliches Urtel der Knechtschaft zugesprochen, erhielten die Freiheit; dagegen wurde das Schuldrecht selbst, die Quelle jener Uebel, nicht aufgehoben. Auch die Bürger auf dem Aventin konnte man überzeugen, daß Geldverkehr ihnen unentbehrlich, strenge Gesetze dafür unvermeidlich seien. Das Gleichniß des Agrippa Menenius vom Magen und den übrigen Gliedern des Körpers bezog sich nicht auf politische, sondern auf das Schuldverhältniß. Der Senat hätte ein edleres Gleichniß verdient, auf die Geldmänner und Wucherer paßte es ganz wohl. Die Plebs erlangte weder das Consulat noch andere Ehrenämter, ebensowenig

Antheil an den Gemeindeländereien. Dagegen wurden die alten Valerischen Gesetze wieder hergestellt, und zu ihrer Handhabung das Tribunat geschaffen, als Schutz gegen die consularische Gewalt. Diese Tribunen wurden unverletzlich erklärt. Wer sich gegen sie verging, dessen Haupt war dem Jupiter, sein Haus der Ceres geweiht, d. h. er war in die Acht gethan und Jeder konnte ihn tödten, ohne daß er dafür zur Rechenschaft gezogen wurde. Der Tribun hatte keinen Theil an der Höchstgewalt, aber er konnte ihre Wirkung hemmen. Selbst vermochte er nicht zu richten, aber er vermittelte, daß das plebejische Gericht ungehindert zusammentrat, und hinderte bis zu dessen Entscheidung, daß nichts Unwiderrufliches geschah.

Die beiden ersten Tribunen wurden auf dem Hügel am Anio gleich gewählt, der neue Vertrag unter Opfern von allen Römern beschworen und der Ort dieser feierlichen Handlung, dem Jupiter geweiht, trug seitdem den Namen des heiligen Berges, sacer mons.*

* „Der Dictator," so schließt Mommsen seine Erzählung, „vermittelte das Verträgniß: die Bürger kehrten zurück in die

Das fabiſche Geſchlecht am Cremera.

— — „Am Morgen des 15. Februars 276 verſammelten ſich die Fabier, 306 wehrhafte Männer, wahrſcheinlich auf dem Quirinal, wo ihr gentiliciſcher Gottesdienſt ſeine Stätte hatte. Der Conſul Caeſo Fabius im Feldherrn=Purpur trat zu ihnen heraus und nun zog dies kleine Heer aus der Stadt, ein Geſchlecht gegen ein Volk.

Die Richtung ihres zahlreich begleiteten Zuges entnehmen wir aus Livius. Er führte „am Capitol, der Burg und anderen Tempeln vorüber, durch den rechten Schwibbogen der Porta Carmentalis nach dem Cremera, wo ſie

Stadtmauern, die äußerliche Einheit ward wiederhergeſtellt. Das Volk nannte den Manius Valerius ſeitdem „den Großen" (maximus), und den Berg jenſeit des Anio „den heiligen". Wol lag etwas Gewaltiges und Erhebendes in dieſer, ohne feſte Leitung unter den zufällig gegebenen Feldherren von der Menge ſelbſt begonnenen und ohne Blutvergießen durchgeführten Revolution, und gern und ſtolz erinnerten ſich ihrer die Bürger."

Anm. d. Herausg.

einen schicklichen Platz wählten, um sich zu verschanzen."

Diese Angabe läßt freilich noch manche Zweifel offen.

Wenn die Porta Carmentalis, wie Niebuhr glaubt, an der Ostseite des Capitols lag, so mußte der Zug der Fabier umkehren, um von der Burg dorthin zu gelangen. Nimmt man aber mit Sachse an, was eine größere Wahrscheinlichkeit für sich hat, daß das Thor westlich jenes Hügels lag, so gingen die Fabier, wie es auch natürlich erscheint, durch den belebtesten Theil der Stadt, über das Forum und um den Fuß des Capitolinischen Bergs, an dem Heiligthum der Carmenta vorüber zur Stadt hinaus. Der Thorbogen, durch welchen sie ihre Heimath verließen, um sie nie wieder zu sehen, bekam, als ein schweres Verhängniß diese Schar ereilt hatte, den Namen scelerata und während eines halben Jahrtausends ging kein Römer, der dem Glauben seiner Väter anhing, aus diesem Thore hinaus. Wer noch so nahe wohnte, machte einen Umweg, der andere Schwibbogen diente aber nach wie vor als Eingang.

Es muß auffallen, daß die Auswanderer vom Fuß der Arx nicht gleich ihre Schritte nach dem flumentanischen Thore richteten, um an die sublicische Brücke zu gelangen. Die eingeschlagene Richtung deutet mehr auf die milvische Brücke (Ponte molle) hin.

Wann diese Brücke erbaut wurde, ist nicht bekannt. Allein es ist sehr unwahrscheinlich, daß zu jener Zeit schon ein fester Uebergang oberhalb Roms über dem Tiber gelegen haben sollte. Die Römer bedurften des Schutzes, welchen der Strom gewährte, noch so sehr, daß selbst die unter ihren Mauern gelegene Brücke zum möglichst schnellen Abwerfen eingerichtet sein mußte.

Um nun die weitere Richtung des Marsches der Fabier zu ermitteln, müßte man vor allen Dingen wissen, wo der „schickliche Ort, um sich zu verschanzen", am Cremera gelegen habe. Darüber fehlen alle Nachrichten sowie jede materielle Spur.

Wenn das Unternehmen in dem Sinne ausgeführt worden, wie Livius annimmt, als die bleibende Vorhut eines nur unter Umständen zu versammelnden Heeres, so mußte die zu wählende Stellung hauptsächlich zwei Bedingungen erfüllen. Sie mußte den Gegner in der Nähe beobachten und den Rückzug auf Rom möglich machen, folglich irgendwo in der Richtung zwischen der sublicischen Brücke und Veji, diesem letzteren Ort nahe gelegen haben. Diesen Bedingungen entspräche die Felshöhe, auf welcher heute Isola Farnese liegt. Von unersteiglichen Abhängen umschlossen, nur auf einem schmalen Rücken zugänglich, war die Stellung für die damaligen Waffen uneinnehmbar und übersah jedes Beginnen der Vejentischen Gegner. Aber sie wäre auch eben deshalb eine so unleidliche Herausforderung, eine solche stündlich wiederholte Drohung gewesen, daß die Vejenter sich derselben um jeden Preis hätten entledigen müssen, und schwerlich würden die Fabier sich dort anderthalb Jahre haben behaupten können. Eher schon wäre eine Stellung weiter abwärts denkbar gewesen, da wo die Vejentische Straße von Sepultura di Nerone kommend, sich in das Thal des Cremera hinabsenkt und ein auffallender Tumulus sich erhebt. Auch hier bot das Terrain einer festen Stellung großen Vorschub, während die Gefahr, von Rom im Fall eines Mißgeschicks abgedrängt zu werden, schon größer ist.

Wenn aber die Mitnahme von Weib und Kind berechtigt anzunehmen, daß es sich um eine wirkliche Colonisirung handelte, dann tritt der Rückzug auf Rom in den Hintergrund und der Ort konnte unbedenklich noch weiter abwärts am Cremera, nach dem Tiber zu, gewählt werden. Eine befestigte Pflanzstadt mit 3000 Einwohnern vermochte selbständig eine Belagerung auszuhalten, bis ein in Rom aufzubietendes Heer zum Entsatz heranzog. Für eine solche Niederlassung war die größere Entfernung von Veji Bedingniß, da die Bewohner doch ihre Felder bestellen, ihre Heerden weiden mußten und weil bei großer Wachsamkeit dann die Möglichkeit gegeben war, vor dem feindlichen Anfall sich hinter die eigenen Wälle zu bergen.

Wenn wir daher annehmen, daß das fabische Trutz-Veji an dem unteren Cremera, etwa auf der Höhe von Tor di Celso lag, so müssen wir einräumen, daß das nur eine auf Wahrscheinlichkeit beruhende Vermuthung ist. Der fernere Verlauf der Begebenheit scheint jedoch deren Annahme zu entsprechen.

So lange es nur auf Streifereien und Verheerungen ankam, waren die Fabier stark genug, nicht allein ihren Posten zu behaupten, sondern auch das römische Gebiet gegen feindliche Einfälle sicher zu stellen. Die Vejenter warben Hilfe bei ihren Volksgenossen, den Etruskern, und rückten gegen die Niederlassung der Fabier vor, gleichzeitig zogen die römischen Legionen unter dem Consul Lucius Aemilius zur Hilfe der Letzteren heran. Ein Angriff der römischen Reiterei gestattete den Vejentern kaum, sich zur Schlacht zu ordnen. Bis Saxa Rubra zurückgeschlagen, wo sie ihr Lager hatten, so erzählt Livius, baten sie demüthig um Frieden. Nun würden aber ohne Zweifel die Vejenter nicht bei Saxa Rubra auf der nachmaligen flaminischen Straße dicht am Thal des Tiber gelagert haben, wenn die Burg der Fabier weiter oberhalb am Cremera gelegen hätte, weil sonst die Verbindung zwischen Stadt und Lager der Vejenter unterbrochen gewesen wäre, gewiß hätten sie sich dieser Burg gegenüber aufgestellt.

Livius fährt fort, daß die Vejenter mit dem ihnen eigenen Wankelmuth den Frieden gebrochen hätten, bevor noch der Posten am Cremera abgeführt worden sei. Wir dürfen wol annehmen, daß dies geschah, weil der Posten nicht abgeführt wurde und daß Solches aus dem Grunde unterblieb, weil der Senat nicht die Macht besaß, die Fabier zum Aufgeben ihrer eigenmächtigen Niederlassung zu zwingen.

Nachdem diese ihren etruskischen Gegnern in größeren und kleineren Gefechten noch ferner siegreich widerstanden, gelang den Letzteren eine Kriegslist. Schon mehrere Male hatten sie den Fabiern absichtlich eine leichte Beute vorgeführt. Endlich zeigte sich auf dem weiten Felde in beträchtlicher Entfernung jenseit des Cremera eine große Viehheerde. Die Römer machen sogleich Jagd auf dieselbe, die erschreckte Heerde zerstreut sich, entflieht, die Fabier setzen hitzig nach. Da erheben sich von beiden Seiten Hinterhalte. Zu spät erkennen die Fabier die Gefahr. Sie sammeln sich fechtend auf einem erhabenen Punkt, aber umringt von ihren Gegnern fallen sie kämpfend bis auf den letzten Mann, 306 an der Zahl. Des Schicksals der fabischen Burg wird nicht weiter erwähnt; nachdem die Helden erschlagen, konnte sie nicht widerstehen. Das Loos der Angehörigen läßt sich errathen. Von dem ganzen Geschlecht soll nur Einer übrig geblieben sein, wahrscheinlich nicht ein Kind, sondern ein Mann, der, bei den früheren Gesinnungen seines Hauses verharrend, nicht mit den übrigen ausgezogen war, denn zehn Jahre später tritt er als Consul gegen die plebejischen Ansprüche auf. Er ist der Ahnherr der Maximi, welche Rom noch lange nachher in Krieg und Frieden große Männer schenkten und von welchen die heutigen Massimi ihren Ursprung ableiten möchten.

An dem Unglückstage, da die Fabier fielen, dem 18. Juli 277, stand der Consul C. Menenius im Felde und nur eine Stunde Weges entfernt. Es ist wahrscheinlich, daß die Patricier und ihr Consul das abtrünnige, sich unabhängig machende Geschlecht aufopferten. Aber Menenius selbst wurde in den Untergang verwickelt. Die

Vejenter griffen ihn an, schlugen ihn gänzlich, eroberten den Janiculus und nur durch schleuniges Abwerfen der Brücke wurde Rom sicher gestellt. Dem Menenius aber setzten die Tribunen später einen Gerichtstag und die Bürger verurtheilten ihn. —

Saxa Rubra.

Eine der folgenreichsten Begebenheiten der Geschichte ist die Schlacht, welche am 28. October 312 Constantin gegen den Maxentius focht. Durch sie gelangte das Christenthum zur weltlichen Anerkennung im römischen Reich. Und doch sind einige wenige und undeutliche Zeilen Alles, was über einen so wichtigen Vorgang Nachricht gibt. Mühsam suchen wir diese Zeilen aus einem Schwall von Redensarten heraus, denn die Panegyriker sind leider keine Geschichtsschreiber. Ihnen kommt es nur auf Verherrlichung des Siegers an, und sie vergessen dabei, daß sie das Verdienst ihres Helden in eben dem Maße schmälern, als sie Handlungen seines Gegners wie die eines von Gott selbst

mit Blindheit geschlagenen Thoren schildern.
Wir wollen versuchen, hier zusammenzustellen,
was sich an wirklichen Thatsachen ermitteln läßt.

Beide Kaiser rüsteten gegen einander.
Maxentius stellte 188,000 Mann in's Feld.
Wenn diese Zahl nicht übertrieben ist, so schloß sie
jedenfalls das in Rhätium aufgestellte Heer mit
ein. Constantin versammelte 98,000 Mann
Briten, Gallier und Barbaren. Vor seinem
Abzug nach Italien war aber die Rheingrenze
durch zurückzulassende Abtheilungen zu sichern.
Die Siege bei Turin und Verona konnten nicht
ohne bedeutenden Verlust an Menschen errungen
werden, und so ist es wol möglich, daß der Be=
schützer der Christen mit nur 25,000 Streitern
vor Rom erschien. Dennoch mußte es ihn
mit Freude erfüllen, als er seinen, wenn auch
an Zahl wahrscheinlich beträchtlich überlegenen
Gegner im freien Felde traf, bereit, ihm die
Schlacht zu bieten. Maxentius hatte Afrika und
die Inseln erschöpft, um ungeheure Vorräthe an
Korn in Rom aufzuspeichern. Die alten Mauern
vermochten lange Widerstand zu leisten, und
ungern würde Constantin die Schrecken des

Krieges auf die ehrwürdige Stadt gehäuft haben, zu deren Errettung er heranzog.

Aber auch Maxentius hatte hinlänglichen Grund, die Feldschlacht zu suchen. Rom umschloß zu jener Zeit noch eine Bevölkerung von wol einer Million Einwohner, welche unter sich durch Politik und Religion in Parteien gespalten waren. Schwer hielt es, diese bei der Nähe eines feindlichen Heeres, bei der Aussicht auf die Drangsale einer Belagerung in Zaum zu halten, und da der römische Augustus über viele, und was die Prätorianer betrifft, auch gute Truppen gebot, so war es verständig, bevor man sich einschließen ließ, eine Entscheidung im freien Felde zu wagen. Für seine Person freilich war der weichliche Tyrann erst durch den allgemeinen Hohn und durch die öffentlichen Verwünschungen, die man ihm im Circus zurief, bestimmt worden, sich an die Spitze eines Unternehmens zu stellen, welches Niemand so sehr als ihn selbst anging.

Maxentius rückte gegen Saxa Rubra, kaum 9 Meilen von Rom, vor. Diese positive Angabe des Aurelius Victor ist wichtig.

Saxa Rubra war auf der flaminischen Straße die zweite Poststation von Rom. Sowol das Itinerarium Hierosolymitanum, als die Tabula Peutingeriana geben die Entfernung auf 9 Meilen an. Diese muß von dem voraurelianischen Thor, am Fuß des Capitolinischen Hügels gerechnet werden, und so kommt der neunte Meilenstein genau nach Prima Porta. Da die Itinerarien sich auf halbe und viertel Meilen nicht einlassen, so bleibt allerdings ein Spielraum von einigen hundert Schritten, um welche der Ort vor oder hinter jenem Meilenstein gelegen haben kann. Eben als Poststation aber ist es sehr wahrscheinlich, daß Saxa Rubra da lag, wo die Via Tiberina sich von der Flaminia abzweigt, das heißt an der Stelle selbst, wo die Häuser von Prima Porta stehen.

Dort nun, im Thale, konnte keine Aufstellung genommen werden. Daß Maxentius über die „rothen Steine" hinausgegangen wäre, stimmt weder mit der Angabe von kaum neun Meilen, noch mit dem Panegyriker, welcher erwähnt, daß der Kaiser sein Heer „in einer weiten Ebene" aufstellte. Vielmehr wäre sein

Schlachtfeld in jenem Fall durch die beiden Thäler der Celsa und ihres Zuflusses mitten durchschnitten gewesen. Wir dürfen daher wol mit Recht annehmen, daß Maxentius diesseits Saxa Rubra Halt machte und sich auf dem freien und ebenen Hügelrücken zwischen Celsa und Valca zur Schlacht ordnete. In dieser Stellung hatte er den erstgenannten Bach vor der Fronte. Sein rechter Flügel lehnte an den hohen, felsigen Abhang zum Tiber, die linke Flanke wurde durch das tiefeingeschnittene Thal der oberen Valca gedeckt. War es eine Unbequemlichkeit, diesen Bach im Rücken zu haben, so erscheint dagegen die Bewegung im Inneren der Stellung durch Nichts gehindert, während das Angriffsterrain des Gegners ein durchschnittenes und wenigstens für Reiterei schwieriges genannt werden muß.

Wir können in dieser Aufstellung nicht die Verblendung eines Rasenden oder Verzweifelten erkennen, welcher sein Heer zwischen der Schlachtreihe des Feindes und der Unmöglichkeit des Rückzuges einklemmte und die, welche keine Hoffnung zum siegen hatten, am Fliehen ver-

hinderte. So standen die Sachen keineswegs.
Die Lobredner des Constantin selbst sagen, daß
das Heer des Maxentius eine unabsehbare Fronte
gezeigt habe, ohne daß deshalb die Linien dünn
und schwach gewesen wären. Wenn sie andeuten,
daß die Fußstapfen der äußersten Reihen vom
Tiber, gleichsam als Vorbedeutung ihres Unter=
gangs im Fluß, bespült wurden, so können wir
dies nur auf den rechten Flügel, nicht etwa auf
die hintersten Treffen beziehen; denn die milvische
Brücke im Rücken des Heeres war fast eine
deutsche Meile entfernt. Außer dieser war etwas
weiter stromaufwärts von Maxentius noch eine
Schiffbrücke geschlagen worden. Ob sie, wie
Eusebius wissen will, mit einem kleinlichen
Kunststück ausgestattet war, durch welches Con=
stantin im Augenblick seines Untergangs ver=
sinken sollte, können wir ganz unbeachtet lassen.
Aber die Behauptung der Panegyriker, daß der
Rückzug nicht möglich gewesen sei, ist ganz und
gar unbegründet. Er war auf keine Weise an
die genannten Brücken gebunden, denn die gerade
Richtung führte am rechten Tiberufer entlang
bis nach Rom selbst, wo, zwei deutsche Meilen

vom Schlachtfeld entfernt, sechs Brücken über den Strom in die Stadt führten.

Was nun den Gang des Gefechts selbst betrifft, so haben wir darüber leider gar keine Nachricht. Die gallische Reiterei mußte große Schwierigkeit finden, die Celsa Angesichts des Feindes zu überschreiten, und es scheint, daß die Numidier und Mauren nur schwachen Widerstand geleistet haben. Die Prätorianer hingegen, welche von Constantin keine Verzeihung zu hoffen hatten, bedeckten mit ihren Leichen den Platz, den sie fechtend inne gehabt hatten.

Obwol nun auch nach verlorener Schlacht dem Maxentius der Rückweg nach Rom auf dem rechten Tiberufer offen stand, so scheint es doch, als ob er sich einer persönlichen Verfolgung dadurch zu entziehen suchte, daß er plötzlich sich links wendete, um eine der Brücken, die von ihm erbaute, oder die milvische zu überschreiten. Nach dem Panegyrikus VIII. 15 möchte man glauben, daß er durch den Tiber schwamm und daß sein Pferd an dem jenseitigen, hier überall sechs bis acht Fuß hohen und steilen Lehmufer zurückglitt. Nach anderen Angaben war der

Kaiser von der Brücke durch die fliehende Menge hinabgedrängt. Seine Rüstung hinderte ihn, sich aus dem Schlamm des Tiber emporzuarbeiten. So ward er am folgenden Morgen aufgefunden und sein Kopf den Augen des Volks ausgestellt, welches bis dahin seine Freude laut werden zu lassen nicht gewagt hatte.

Raphael's Pinsel hat die denkwürdige Begebenheit in der Sala di Constantino im Vatican verewigt; indeß ist hier nur für die Kunst, nicht für die Geschichte zu lernen. Das Bild mag vielleicht zu der Annahme beigetragen haben, daß die Schlacht an der milvischen Brücke stattfand, von welcher das wirkliche Schlachtfeld eine deutsche Meile weit entfernt war.

Dem aufmerksamen Leser der Moltke'schen „Wanderungen um Rom" wird die Erwähnung seiner plötzlichen Abreise nach Berlin im Sommer 1846 und dann, nach kurzem Aufenthalte während des Septembermonats, der vollständige Abbruch des römischen Aufenthaltes nicht unbemerkt geblieben sein. Es ist dort bereits darauf hingewiesen worden, daß der Tod des Prinzen Heinrich von Preußen zur ersten Abreise den Anlaß gab. Der Befehl König Friedrich Wilhelm's III. lautete dahin, der Major von Moltke solle die Ueberführung der Leiche des Königlichen Prinzen zur preußischen Hauptstadt leiten. In den hier folgenden, bisher unveröffentlichten Reisenotizen Moltke's erhalten wir von Neuem einen Beweis seiner staunenswerthen Fähigkeit, jeden Augenblick des Lebens voll zu verwerthen, der Virtuosität, welche der vielgepriesene Mann im raschen Erfassen aller Eigenthümlichkeit von Land und Leuten sich angeeignet hatte. Während das Schiff die prinzliche Leiche durch die Pforten des Herakles und um Europa herumführte, benutzte er die kurze Spanne Zeit zu einem fliegenden, aber, wie sein Tagebuch beweist, keineswegs flüchtigen Besuche Spaniens. Was mag er gestöhnt, wie ungeduldig mag er geseufzt haben, als er pünktlich in Hamburg zum Empfang des Leichengeleites eingetroffen, Tage und Wochen vergebens der Ankunft des Schiffes harren mußte. Doch auch diese erzwungene Muße, die Ungeduld selbst hat gute Frucht getragen. Wir verdanken ihr die folgenden Blätter.

Tagebuchblätter aus Spanien.

October 1846.

Als wir an einem sonnigen Abend vorigen Monats in Civita Vecchia an Bord der Corvette Amazone gingen, sah das Meer so lächelnd aus, als wollte es zu einer Spazierfahrt einladen, und nachher führte es sich so abscheulich auf. Sechzehn Tage brauchten wir, um bei contrairem Winde nach Gibraltar zu gelangen. Am schlimmsten war es, wenn nach Sturm Windstille eintrat. Die See geht dann hoch, und das Schiff, welches in den Segeln keinen Stützpunkt mehr findet, taumelt wie betrunken, man denkt, die Maste müßten abbrechen. Endlich tauchte der Fels des Tarif aus der Fluth empor, ein prächtiger Anblick. Die 1400 Fuß hohe schroffe Masse hängt nur durch eine ganz flache Sandzunge mit dem europäischen Continent zusammen und erscheint daher als ein mächtiger, isolirter Gebirgskegel. Ihm gegenüber erhebt sich ähnlich auf afrikanischem Boden die andere Herkulessäule, der Affenberg bei Ceuta. Lange kämpften wir gegen die gewaltige Strömung, welche hier stetig in das Mittelmeer fließt. Endlich warfen wir Anker, und die Festung grüßte mit einem königlichen Salut unsere Trauerflagge. Der erste Schritt an's Land führt in eine neue Welt, ein wunderbares Gemisch von Spanisch und Englisch. Die Pracht und Ueppigkeit eines südlichen Himmels und die Energie und Betriebsamkeit des Nordens sind hier vereint. Wie Riesen standen die rothröckigen unbehosten Hochländer zwischen den kleinen braunen Spaniern mit ihren übergeworfenen Mänteln und den schmächtigen Arabern, welche vielfach herüber kommen in das schöne Land, welches ihnen 700 Jahre gehörte. Da lagen in ungeheurer Fülle die Trauben, die Orangen, Datteln und Oliven

aus Mallaga, Valencia und Granada, neben
Kartoffeln und Käsen aus England, die Hummer,
fliegenden Fische und Delphine aus dem atlan=
tischen neben dem gedörrten Stockfische aus dem
Eismeer. Ueber die flachen Dächer, die Balcone
und die Gärtchen mit Granaten und Palmen
ragen in drei Etagen die Gallerien, welche eine
englische Meile weit in die Kalkmasse des Felsens
eingesprengt sind, mit ihren Feuerschlünden aus
den schottischen Gießereien. Ueber das Ge=
wimmel kleiner Fahrzeuge und zahlreicher Dampf=
böte erheben sich drei stolze Linienschiffe mit der
Flagge Britanniens. Neben ihnen sah unsere
„Amazone" aus wie ein zierliches Kind. Gibraltar
ist in beständiger Zunahme, aber seine eiserne
Rüstung erlaubt ihm nur, in die Höhe zu wachsen.
Die Grundstücke und Miethen sind unglaublich
theuer. Ein Kalkfels und eine Sandscholle
bringen natürlich nichts hervor und ursprünglich
hausten dort nur Rebhühner und Affen. Alles,
was Menschen bedürfen, muß zur See heran=
gebracht werden, selbst das Trinkwasser, und das
ist der größte Mangel dieser sonst uneinnehm=
baren Festung. Auf der Landzunge stehen nur

2000 Schritt entfernt die spanischen Posten mit geladenen Gewehren, nicht gegen einen Angriff, sondern gegen den Schmuggelhandel gerüstet, welcher hier im großen Stile betrieben wird.

Ich hatte mich entschlossen, den Rest der Reise zu Lande zu machen, aber freilich wurde es nun eine Courier-Reise, welche wenig Zeit zum Genuß und zur Umschau ließ. Eine Erlaubniß des Gouverneurs eröffnete mir den Zutritt zu allen Festungswerken, zum maurischen Schloß, zum O'Hares-Thurm und zum Telegraphen auf der höchsten Spitze des Bergs. Von dort, wo der Fels gegen Osten 1000 Fuß senkrecht abstürzt, blickt man weit über die spanische Küste die 10,000 Fuß hohen Schneegipfel der Sierra Nevada und auf die dunkelblaue Fluth. Jenseit der Meerenge leuchten die afrikanischen Berge von Tanger und Ceuta hervor, und gegen Westen entfaltet sich die weite Bucht von Algesiras. Wie auf der Landkarte übersieht man die Stadt, die Festungswerke und das herrliche Becken des Meeres. Ich suchte mir ein Bild einzuprägen, welches ich in gleichem Reichthum nicht leicht wieder sehen werde.

Noch beleuchtete die untergehende Sonne prachtvoll den Hafen und die an dem Berge emporsteigende Stadt, als ich mich an Bord des englischen Dampfers „the Queen" einschiffte, und kräftig arbeitete dieser gegen die Strömung an. Der Vollmond stieg aus dem Mittelmeer empor und zeigte die hohen Berge zweier Welttheile in hellem Schein. Die Luft war mild und labend und das Wasser sprühte lichte Funken unter den Schlägen der Räder. Bald fuhren wir an dem Leuchtthurm von Tarifa bei Trafalgar vorüber in's atlantische Meer, welches diesmal glatt wie ein Spiegel dalag. Wie müde ich auch von den vorhergegangenen Anstrengungen war, konnte ich mich doch spät erst entschließen mich niederzulegen, und war vor Sonnenaufgang schon wieder auf Deck, um das Einlaufen in den Hafen von Cadix zu sehen.

Cadix ist ein „Gibraltar", ohne den Fels, sehr hübsch gebaut, mit zwar engen, aber reinlichen Straßen, schönen, mit Bäumen bepflanzten Plätzen, wenig Kirchen, aber vielen Spuren früheren Reichthums aus der Zeit, wo die Sonne in der Monarchie nicht unterging und Indien seine Gold- und Silberflotten hierher schickte. Jetzt ist Cadix eben so sehr im Sinken, wie Gibraltar im Aufschwung begriffen. Du wirst Dich wundern, daß ich, um meine Landreise zu beschreiben, Dich sofort wieder auf ein anderes Dampfschiff, den „Theodorich" führe, welches noch denselben Vormittag bis St. Lucar das atlantische Meer durchschnitt und dann mit unglaublicher Schnelligkeit, unterstützt von der Fluth, den Guadalquivir hinauflief. Bis Sevilla bilden beide Ufer eine, nur in großer Ferne von Bergen eingeschlossene Niederung, welche ganz flach und den Ueberschwemmungen ausgesetzt, nur von Schaf- und Rinderheerden bewohnt wird. Dort zieht man die wilden Stiere, welche zu Stiergefechten gebraucht werden. Gegen Abend erst änderte sich diese einförmige Landschaft. Die Höhen traten dem Stromufer näher. Olivenwaldungen und Orangenhaine bedecken die Abdachung und zwischen diesen erhebt sich endlich die prachtvolle Kathedrale, überragt von der Chiralda, dem berühmten von den Arabern erbauten Thurm. Sevilla ist noch heute, nach 300 Jahren seit Vertreibung der Saracenen, eine vollkommen maurische Stadt. Die Einrichtung und Anordnung der Wohnungen ist ganz orientalisch, nur verschönert und veredelt durch Kunstsinn und den Reichthum, über welchen die Moslem in Spanien und Sicilien geboten. Merkwürdig genug ist es, daß die Araber, welche in ihrer Heimath überall auf der unteren Stufe eines Wander- und Hirtenvolkes stehen geblieben sind, auf europäischem Boden die Träger der Gesittung und der Wissenschaften wurden. Dichtkunst, Geschichtschreibung, Mathematik und Baukunst blühten bei ihnen, während das christliche Abendland noch in Barbarei versunken war. Es gibt keine schönere Poesie, als die Klagelieder um das verlorene Paradies von Granada. Dem christlichen Ritterthum gegenüber zeigten die Araber eine nicht minder romantische Tapferkeit und Großmuth, welche jenen oft zum Muster diente. Betriebsam und weniger unduldsam als ihre Gegner, schufen sie ein Paradies aus dem südlichen Spanien durch umfassende Bewässerungssysteme, deren man noch heute wie am Fuße der armenischen Hochlande und in Syrien, auch in den Königreichen Valencia

und Granada begegnet. Durch den Vertilgungs=
kampf, die Ausrottung und Vertreibung von
Millionen dieser fleißigen Menschen, hat das
katholische Spanien sich eine Wunde geschlagen,
die es kaum je verwinden wird, denn weite
Strecken dieser schönen Länder sind heute eine
menschenarme Einöde. Was von den Saracenen
übrig blieb, ließ sich taufen, aber durch Gene=
rationen riefen sie in ihren zu Kirchen um=
gewandelten Moscheen Allah und den Propheten
an und bewahrten ihre alten Sitten und Ge=
bräuche. Man sagt, daß die Saracenen, als sie
nach hartnäckigem Widerstand auch den letzten
Fuß breit Landes verloren, als der Thurm
O=Hares auf dem letzten Gipfel des Felsens
von Gibraltar ihnen entrissen wurde, die Schlüssel
zu ihren Häusern mitnahmen und an ihre Kinder
vererbten, nicht zweifelnd, daß Alla Ekber, der
Gerechte, ihnen die Wiederkehr vorbehalten habe.
Noch jetzt sieht man Hunderte dieser braunen
Gestalten in ihren weißen Mänteln durch die
Straßen von Sevilla wandern, für welches sie
eine unvertilgbare Vorliebe behalten zu haben
scheinen.

Bekanntlich bildeten die Saracenen einen ihnen eigenthümlichen Baustil aus. Sie fanden den römischen Rundbogen in den gewaltigen Wasserleitungen, Brücken und Ehrenpforten vor, welche Trajan und andere Imperatoren auf der iberischen Halbinsel durch die Legionen hatten errichten lassen. Theodorich und seine Gothen brachten den deutschen Spitzbogen und die Saracenen bildeten Beides in die Hufeisenform um. Getragen wurde dieser Bogen durch die dünnen, meist gekuppelten Säulchen und die schweren Würfelknäufe der byzantinischen Architektur. Die schönen Fensterrosen, welche gewöhnlich über den Hauptportalen der christlichen Kathedralen des 12. Jahrhunderts vorkommen, sind saracenischen Ursprungs. In den oberen Theilen ihrer Gebäude huldigten die Araber, wie die Italiener und im Gegensatz zur deutschen Baukunst, den horizontalen Linien, ihre Dächer waren flach und die wagerechte Eindeckung der Wohnräume gab ihnen Gelegenheit, ihren Reichthum an Desseins, den sogenannten Arabesken, zu entfalten. Charakteristisch ist überhaupt die in's Einzelne gehende Ausschmückung jedes besondern Theils. Die saracenischen Bauten sind selten groß, selbst ihre Alcasar oder Schlösser sind von Außen unansehnlich, und nur durch die Höfe und Gärten, die sie umschließen, ausgedehnt. Die Häuser zeigen zwar hier nicht, wie im Orient, fensterlose Mauern, aber die weiß angetünchten Wände sind schmucklos und von wenig Oeffnungen durchbrochen. Alle Pracht ist dem Innern zugewandt, und man erstaunt über die sorgsame Ausführung des Schmuckes bis in's Kleinste. Unter diesem schönen Himmel haben sich nicht nur alle die buntverglasten Ziegel, das in Marmor gearbeitete Blätterwerk der Capitäler, sondern auch die im Stuck ausgeführten Arabesken der Wände und Decken unversehrt erhalten. Die geschmackvollsten Zeichnungen in erhabener Arbeit lassen die Hauptlinien deutlich hervortreten, während die Zwischenräume mit Blumen, Blätterwerk, Verschlingungen, Linien und Punkte bis in's Allerkleinste ausgefüllt sind, so daß man es Brüsseler Spitzen in Mauerwerk nennen könnte. Prächtig passen in diesen Umgebungen die arabischen Schriftzüge, Sprüche aus dem Koran mit erhabenen oder vergoldeten

Buchstaben auf tiefblauem Grund. Sie sind der
Architektur innig verwebt, daß selbst spanische
Intoleranz sie verschont hat, und mit Erstaunen
sah ich, über den Altären der Kathedrale von
Cordova, die Verse des Kameeltreibers von
Mekka.

Aus Italien kommend, glaubte ich den
Alcasar in Sevilla als Ruine zu finden, vor
jeder noch halb erhaltenen Merkwürdigkeit einen
Bretterverschlag, den ein hungriger Cicerone öffnet
und Bettlerscharen, welche Dir nicht erlauben,
Dich dessen einen Augenblick zu freuen, was Du
siehst. Nichts von alle Dem. Durch ein offenes
Thor trat ich in den schmucklosen Hof. Nur
die Mitte der Hinterwand ist von drei Thoren,
darüber drei Fenstern mit zierlichen Balconen und
Säulenstellungen von überraschender Schönheit
durchbrochen. Eine reichgeschnitzte Treppe führt
in eine Reihe von Zimmern mit getäfelten
Böden, vergoldeten Decken und durch Arabesken
verzierten Wänden, alles klein, aber unbeschreiblich wohnlich und nett. Und doch sind diese
Räume vor 300 Jahren zuletzt bewohnt gewesen, als der Sohn Kaiser Maximilians Philipp I.

die wahnsinnige Juana heirathete. Aus dieser Zeit stammt die sehr kleine Hauscapelle, und damals wurde auch der Thurm und der Löwe von Castilien und Leon, an vielen Stellen in die Arabesken eingefügt. Karl V., der frostiger Natur war, ließ Kamine in einigen Zimmern anbringen, sonst ist das Schloß der Abenceragen geblieben, wie es war, nichts ist absichtlich zerstört, nichts fürsorglich geschützt. Keinem Menschen begegnete ich, alles stand offen, Niemand weder half mir, noch störte mich, alle diese Räume zu durchwandern und zu bewundern. Köstlich ist der Blick, von den zierlichen Balcons auf den von Mauern umschlossenen Garten mit Taxushecken und Muschelgängen, Springbrunnen und Kiosquen, unter Rosen, Myrthen, Granaten, Lorber und breitblättrigen Palmen. Den eigentlichen Mittelpunkt des ganzen Alcasar bildet ein zweistöckiges Gebäude. Es umschließt einen viereckigen Raum, in den unten alle Thüren, oben alle Fenster münden. Dieser Raum würde ein Hof sein, aber ein drittes Stockwerk mit Fenstern und prachtvollem Plafond macht ihn zu einer durch drei Etagen reichenden Halle, welche nach allen Seiten mit den Zimmern communicirt und sein Licht von oben erhält. Der marmorne Fußboden, die schlanken Säulen und Spitzbogen des unteren Geschosses, die vergoldeten Balcons des oberen, die Pracht der Decke und der Reichthum und die Harmonie der ganzen Ausschmückung dieser Halle würde ich vergebens zu beschreiben versuchen. Ebenso eigenthümlich sind auch die Privatwohnungen, sie entsprechen der socialen Lage des Orientalen. Unter despotischer Regierung und vielfachen Bedrückungen im äußeren Leben preis gegeben, suchte jeder sich eine Häuslichkeit zu bilden, in der er Ersatz fand. Dort herrschte er, dort fand er Sicherheit, Freude und Ueberfluß, aber nur im Verborgenen durfte er glücklich sein. Wie noch heute der reiche Armenier, wenn er zu einem Machthaber geht, unter einem schlechten Kaftan die reichen Seidenstoffe und Pelze verbirgt, so umschließen äußerlich kahle Mauern in ihrem Innern ein kleines Eden. Durch starke, mit Eisen beschlagene Thorflügel tritt man zu Sevilla in einen ziemlich einfachen Vorhof. Dies ist das Bab der Perser, das Kapu der

Türken, die Pforte, welche im Orient und schon bei unseren biblischen Erzvätern eine so große Rolle spielt, wo die Geschäfte verhandelt, Streitigkeiten geschlichtet und Recht gesprochen wurde. Die christlichen Bewohner haben in jedem dieser Vorhöfe ein Marienbild aufgestellt, vor welchem Abends zahlreiche Kerzen angezündet werden, die einen freundlichen Anblick gewähren. Aus dem Vorhof und durch ein stets geschlossenes sehr reiches Gitterthor, meist einige Stufen hinabsteigend, tritt man in den innern Hof. Rings um denselben läuft eine offene Halle, deren Bögen durch schlanke, oft gekuppelte Säulen getragen werden. In der Mitte des Hofes plätschert ein Springbrunnen, oft in schönen Marmorbecken, mit Goldfischen und Forellen, überschattet von einem kleinen Hain von Orangen, Rosen, Granaten und Myrthen. Der übrige Raum ist mit Marmorplatten mussivisch ausgelegt und ein ausgespanntes Segeltuch oder wenigstens eine über ein Gatter gezogene Weinrebe verwandelt diesen Hof, selbst im hohen Sommer, in einen kühlen und reizenden Salon, in welchem Sopha, Stühle, Gemälde und Spiegel nicht fehlen. Der Fremde wird im Vorhofe abgefertigt und nur der Gastfreund in's Innere gelassen. Um so zu wohnen, bedarf es freilich des stets heiteren Himmels dieses Landes. — Noch muß ich der Giralda erwähnen, des schönsten Thurms der Welt. Er ist viereckig, ich glaube 300 Fuß hoch und war ursprünglich oben flach und zu astronomischen Beobachtungen eingerichtet. Jede Seite ist von oben herab in drei Felder getheilt, von denen die äußere schlicht und nur durch bunt verglaste Ziegel belebt sind, das mittlere aber mit Thüren, Fenstern, Balcons und Säulen von ungemeiner Schönheit durchbrochen werden. Wie beim Marcusthurm in Venedig ersteigt man auch diesen ohne Stufen, man gelangt auf geneigter Ebene gemüthlich innerhalb der dicken Mauern bis auf die Plattform. Der Marcusthurm scheint mir überhaupt eine Nachbildung der Giralda, ist noch riesenhafter, aber lange nicht so schön. Der Blick über Venedig, die Lagunen, das adriatische Meer und die Alpen ist freilich viel reicher, als der über Sevilla und die weite Ebene, welche es umgibt. Die christlichen

Könige stellten auf diese Giralda noch eine vielfach durchbrochene Pyramide, wol von 100 Fuß Höhe und hingen Glocken hinein, wo bisher die Stimme des Muzzin die Gläubigen zum Gebet rief. Auf die oberste Spitze stellten sie eine vergoldete Figur als Wetterfahne und wählten dazu seltsamer Weise eine Allegorie, welche den Glauben darstellt, der doch nicht so veränderlich sein sollte. Diese gab dem Thurm den Namen.

Weltberühmt ist noch die Kathedrale von Sevilla. Früher stand unweit der Giralda eine prachtvolle Moschee. Man riß sie ein, und die Erzbischöfe von Sevilla, zu deren Sprengel Indien gehörte, erbauten den gewaltigen Dom mit den Schätzen der neuen Welt. Er bildet eine Basilica mit fünf Schiffen, von denen das mittlere höhere von oben erleuchtet wird. Es ist aber doch gewaltig finster und der innere Raum durch Capellen, Altäre und Denkmäler verengt. Das Ganze hat keinen besondern Eindruck auf mich gemacht. Merkwürdig schien mir, daß im Innern das deutsche Spitzbogensystem vollständig durchgeführt ist, während das

Aeußere dagegen die horizontalen Linien der Italiener zeigt. Ein Ueberbleibsel der Moschee ist vielleicht der schöne Vorhof mit Säulengängen, Springbrunnen und Orangenbäumen. Ausgezeichnet schön sind die bethürmten Mauern von Sevilla und ihre Thore. Doch ich sehe, daß ich aus dem Erzählen in's Beschreiben verfallen bin. Aber Sevilla ist so schön und so ganz anders, als Alles, was ich bisher gesehen, daß ich's nicht kürzer abmachen konnte. Die Spanier sagen: Che non ha vista Sevilla, non ha vista nada (wer Sevilla nicht gesehen, hat nichts gesehen). Für mich galt es in möglichster Schnelle Spanien zu durchreisen, Spanien, wo es noch bis vor wenig Jahren weder Straßen noch Wagen gab, sondern der Aricro (Maulthiertreiber) der einzige Beförderer war. Da ich mein Reisegeld in Golde bei mir trug, waren die Nachrichten von der Unsicherheit der Straßen nicht erfreulich, dazu sollte eben die vielbesprochene Hochzeit der Königin vor sich gehen, und in Gibraltar versicherte man, daß wir genau zum Ausbruch einer Revolution nach Madrid kämen. Preußen hat dort zur Zeit weder einen Gesandten, noch Consuln, um seinen Unterthanen diplomatischen Schutz zu gewähren. Ich war sehr glücklich, sogleich einen Platz in der am folgenden Tage abgehenden neueingerichteten Diligence zu bekommen, auf welche einige der übrigen Reisenden in Sevilla acht Tage hatten warten müssen. So ging es denn im lustigen Trab aus Sevilla heraus. Die Diligence hatte eine Besetzung von zwanzig Passagieren und ruhte in Betracht der heillosen Wege auf Rädern, wie die eines vierundzwanzigpfündigen Geschützes. Zwölf Maulthiere waren in langer Reihe vor einander gespannt, und an der Spitze ritt der Chico, ein Junge, der, beiläufig gesagt, achtzehn Stunden im Sattel blieb. Der Majoral führte die Leine der Stangpferde, und der Besitzer der Thiere, welche alle drei Meilen gewechselt werden, lief, obgleich bergauf galoppirt, bergab getrabt wird, nebenher. Diese Menschen sind von Eisen, denn dabei unterhielt er sich fortwährend mit seinen Maulthieren, jedes bei seinem Namen nennend. **Generala Generala, o Pelegrina, Capitano arri arri** (vorwärts) und dabei der beständige nicht zu übersetzende Fluch carracho. Wie in Frankreich, liegt das ganze Gepäck oben auf dem Wagen. Die Gefahr des Umwerfens war daher nicht gering bei Stößen, daß man mit dem Kopfe gegen die Decke fuhr. Aber es ging gut vorwärts und wir machten in vierundzwanzig Stunden dreißig spanische Legues oder etwas mehr als fünfundzwanzig Meilen.

Ich habe mir immer eingebildet, Andalusien sei eine Art Paradies, statt dessen fand ich ein recht ödes Gelände; anfangs sieht man noch einige Orangenhaine, Palmen und schöne Ruinen von maurischen Castellen, bald aber empfindet man den gänzlichen Mangel an Wald und Wasser, Menschen und Arbeit. Der Guadalquivir, der hier nicht mehr von der Meeresfluth erreicht wird, ist zu einem ziemlich unbedeutenden Bach zusammengeschrumpft. Die meisten Felder sind von zwei Fuß hohen Fächerpalmen bedeckt und mit gewaltigen Aloehecken umzäunet, deren mannsdicke, dreißig Fuß hohe Blüthenstengel zu Brennmaterial gefällt werden. An anderen Stellen bildet der Cactus mit seinen rothen Feigen einen undurchdringlichen Zaun. Die Abhänge der Hügel sind mit Olivenbäumen bepflanzt. Aber diese geraden Linien von hohlen Stämmen mit grauen Blättern, ähnlich wie unsere Weiden, ermüden das Auge. Der Boden ist von der höchsten Fruchtbarkeit, aber nur der geringste Theil für Mais- und Baumwollencultur bearbeitet; dabei verursachen achtundvierzig Maulthierhufe einen Staub, von dem man sich keinen Begriff machen kann. Ich war um zehn Uhr Vormittags mit einer Tasse Chokolade ausgefahren und das erste Diner wurde uns um ein Uhr in der Nacht servirt. Bis dahin war nichts zu haben. Selbst Cordova mit dem volltönenden Namen wäre eine ziemlich unbedeutende Stadt und würde wenig Aufmerksamkeit verdienen, hätte sie nicht die schöne alte Brücke über den Guadalquivir und die Marquiba. Von der erstern hat man gesagt, daß ihr nichts fehle, als der Fluß. Die letztere ist eine der größten je erbauten Moscheen. Ein wahrer Wald von 400 Säulen trägt eben so viele Kuppeln. Diese Säulen sind, wie die byzantinischen, von geringer Höhe, mit schweren Würfelcapitälern, und stehen nur fünfundzwanzig Fuß entfernt.

Die Gewölbbogen ruhen unmittelbar auf den Capitälern, und man hat deren zwei über einander gestellt, um nur einige Höhe heraus zu bringen. Das Ganze sieht aber einer Börse oder Markthalle ähnlicher, als einer Kirche. Von außen zeigen sich nur die vier kahlen Wände. Mit diesem seltsamen, höchst eigenthümlichen Bauwerk scheinen die christlichen Besitznehmer in Verlegenheit gewesen zu sein, was zu machen. Sie ließen glücklicherweise alles, wie es war, nur daß sie die Mitte des Gebäudes durchbrachen und über den Hauptaltar ein hohes Chor wölbten. Was stehen geblieben ist, zeigt einen reichen Schmuck von Mosaik und überall findet man, wie schon gesagt, arabische Schriftzüge, so z. B. in der Capelle des Conquistadores, des Cortes und seiner Gefährten. Sehr schön ist der Vorhof der Moschee mit prächtigen Orangenbäumen. In Cordova aßen wir in einem, auf maurische Art eingerichteten Hause um neun Uhr Morgens vorsorglich schon zu Mittag. Die Mahlzeiten bestehen in Spanien in einer Menge von Fleischspeisen, namentlich Rebhühnern, die in unendlicher Menge vorhanden sind, und sehr schlechtem Wein. Am folgenden Nachmittag erreichten wir la Carolina. Zum allgemeinen Erstaunen sahen wir die wohlerhaltene Landstraße von Bäumen eingefaßt. Weingärten und Obstbäume umgeben die in geraden Straßen erbauten Häuser, und ein Blumengärtchen umgibt jede Wohnung. Es war, als wenn man plötzlich in ein ganz anderes Land versetzt wäre, denn die Menschen hatten blondes Haar und das treue, viereckige deutsche Gesicht. Es ist dies eine Colonie von Schwaben, welche unter Carl III. von dem besten spanischen Minister Olivarez im vorigen Jahrhundert zur Bevölkerung der Sierra Morena hier angesiedelt wurde; aber kein Einziger verstand ein Wort Deutsch mehr, denn unsere Landsleute sind überall, wo sie hinkommen, die besten Ansiedler, die ruhigsten Unterthanen, die fleißigsten Arbeiter, aber sie hören auf Deutsche zu sein. Sie sind Franzosen im Elsaß, Russen in Curland, Amerikaner am Mississippi und Spanier in der Sierra Morena. Ja sie schämen sich ihres zerrissenen, ohnmächtigen Vaterlandes. So heiß, wie es in Andalusien gewesen, so kalt fanden wir es, als wir durch den schauerlichen Engpaß von Val di Penas auf das castilische Plateau hinaufstiegen. Dieses ganze Land ist ein einziges Ackerfeld, durchweg bebaut, aber ohne Baum oder Strauch, ohne Hecken und Gräben, ohne Bäche, Wiesen oder Gärten. Nur wenige Dörfer und unbedeutende Städte findet man auf meilenweiter Entfernung. Die Bewohner haben Tagereisen bis auf ihre Felder; man begreift nicht, wie sie die Arbeit zwingen, sie müssen in der Ernte und Saatzeit auf dem Felde bivouakiren. Es ist eine für das Auge trostlos ermüdende Fläche, durch welche die Straße führt. Dies ist denn auch wol der Grund, warum man Aranjuez so schön gepriesen hat, in jedem anderen Lande würde man wenig Aufhebens davon machen. Der Tajo fällt hier über eine Wehr und bildet einen recht hübschen Wasserfall. Seine Ufer und die Niederung zwischen den kahlen Kalkbergen sind mit Ulmen und Linden bepflanzt, welche jedoch nicht sonderlich gedeihen. Das Schloß Philipps II. ist ein im holländischen Stil aufgeführtes Gebäude aus rothen Ziegeln mit spitzem Schieferdach.

Am Abend des dritten Tages, nachdem wir Sevilla verlassen, fuhren wir über den Manzanares, der fast ohne Wasser war. Jenseits erhebt sich der Hügel, auf welchen Madrid erbaut ist. Bald erreichten wir den Prado, die schöne Promenade mit vierfacher Baumreihe. Sie war durch viele Tausende farbiger Lampen erleuchtet; die Häuser zeigten, mit eben solchen Lampen erhellt, die architektonischen Linien des saracenischen Stils. Aus allen Fenstern hingen Teppiche, oft von Sammet mit Gold- und Silberfransen besetzt. Auf hölzernen Estraden wurden nationale Tänze in schönen Costüms aufgeführt, und Musikbanden spielten dazu die Weisen der Seguidilla, des Bolero und Fandango. Eine wogende Menschenmenge füllte die Straßen, und nie konnte man Madrid in einem schöneren Augenblick sehen. Es war nämlich der Vermählungstag der jungen Königin und ihrer Schwester, der Infantin. Eine schlimme Folge dieser Feier für uns war freilich, daß wir in keinem Wirthshause ein Unterkommen fanden. Ich hielt mich jedoch an den Rockschoß eines jungen Franzosen, der fertig spanisch sprach, und so kam ich glücklich in einem Privathause unter, einer sogenannten casa di pupillos, wo der Besitzer für schweres Geld den Fremden sein Zimmer und Bett einräumt. Der folgende Tag wurde der Besichtigung der spanischen Hauptstadt gewidmet. Madrid trägt den Stempel einer neuen Stadt. Die Straßen sind reinlich, meist breit und gerade. Die weiß angetünchten Häuser haben zahlreiche Balcons, sind aber nicht sehr hoch. Die beiden schönsten Bauwerke sind: die Bildergallerie mit den köstlichsten Raphaels und Murillos, und das königliche Schloß. Letzteres ist gewiß eins der stattlichsten in der Welt. Es liegt auf einer Anhöhe am Manzanares und übersieht das Land bis zum Gebirge, aber ringsum ist alles kahl und sonnenverbrannt.

Ein großes Stiergefecht fand an diesem Tage statt. Um drei Uhr Nachmittags begaben wir — mein Franzose und ich — uns nach der kreisrunden Arena; 12,000 Menschen waren da versammelt, um die corrida di toros zu schauen. Wie in den antiken Theatern erheben sich etwa zwanzig steinerne Stufen, auf welchen man sitzt, und darüber noch zwei Reihen Logen,

in der Mitte die der Königin. Der innere ganz
freie Raum, der eigentliche Kampfplatz, ist von
den Zuschauern durch eine ringförmige, sieben
Fuß hohe Barriere von Balken und starken
Planken getrennt. Ein kleiner Auftritt macht
es möglich, sich über diese Wand zu schwingen,
wenn dem Stier nicht anders auszuweichen ist.
Nach einigem Harren öffnete sich eine Pforte
und herein ritt der Aguazil, eine Obrigkeits-
person in alterthümlicher Tracht, welcher den
Anfang des Spiels verkündigt; er wurde ein-
müthig ausgezischt, ausgelacht und ausgepfiffen;
warum, weiß ich nicht, er mochte sein Schicksal
wol schon im Voraus wissen und schien sich
wenig daraus zu machen. Wie die Römer im
Circus ihre Consuln verhöhnten und auf ihre
Kaiser schimpften, so hat beim Stiergefecht auch
das spanische Volk einige Zügellosigkeit frei.
Jetzt traten die Chulos ein, zu Fuß mit bunten
Mänteln über den Arm, ihnen folgten sechs
Picadores zu Pferde. Diese waren in ledernem
Wams, auf der rechten Seite mit Eisenschienen
gesichert, den spanischen Hut auf dem Kopfe.
Jeder trug eine starke Lanze mit nur einen

halben Zoll langer eiserner Spitze und saß in einem hohen Bauschsattel, der sehr festen Sitz gewährt. An ihre Spitze trat unter lebhaften Beifallsrufen der Matador Namens Cuchiera, ein berühmter gefeierter Held der Arena. Diese Phalanx rückte gegen den königlichen Sitz vor, woselbst sich die Königin Christine und Munnos, Herzog von Rianzares, befand, ließ sich auf ein Knie nieder und gab den königlichen Gruß, wofür aus 12,000 Kehlen gezischt wurde. Jetzt trat die Hauptperson ein, ein gewaltiger schwarzer Stier, mit spitzigen Hörnern und flammenden Augen. Diese Bestie befindet sich in einem Zwinger, in dessen Decke Löcher angebracht sind, durch die man den Stier mit spitzen Stacheln sticht, so daß er schon bei ziemlich übler Laune ist, bevor er zum Gefecht schreitet. Sobald daher die Pforte des Kerkers sich öffnet, schießt er mitten in die Arena, sieht sich wild und verwundert um, scharrt den Sand mit den Füßen und stürzt dann auf den ihm zunächst stehenden Picador los. Dieser hält unbeweglich still und läßt das wüthende Thier gegen seine Lanzenspitze auflaufen. Dem Pferde ist das rechte

Auge verbunden, damit es den Stier nicht sieht und dadurch scheu wird. Der Anlauf war aber so gewaltig und der Reiter saß so fest im Sattel, daß Mann und Roß in die Höhe gehoben wurden und rücklings überschlugen. In demselben Augenblick saßen die spitzen Hörner dem Pferde im Leibe, so daß ein fingerdicker Blutstrahl aus dem Herzen floß. Der Picador lag unter dem Thier und sein Anzug hinderte ihn, irgendwie freizukommen. Es war um ihn geschehen, wenn nicht die Chulos mit ihren bunten Mänteln zu Hilfe kamen. Alsbald läßt der Stier von seiner Beute los und stürzt sich auf den Fußgänger oder vielmehr auf den bunten Lappen, er verfolgt den Träger durch die ganze Bahn, dieser schwingt sich gewandt über die Barriere, welche unter dem Stoß des Thieres erbebt. Wie verdutzt steht es da, nachdem sein Gegner verschwunden ist. Alsbald stellt sich ihm ein zweiter Picador dar, welcher dasselbe Schicksal wie sein Vorgänger hat. Ehe noch die Chulos zu Hilfe kommen können, versetzt der Stier dem Pferde einen neuen Stoß und trägt das an der Erde zappelnde Thier hoch auf den Hörnern durch die halbe Bahn. Dem dritten Pferde riß der Stier im Nu den ganzen Leib auf, so daß das unglückliche Thier in seine Gedärme trat, und in diesem Zustande wurde es durch Sporn und Schläge angetrieben, noch einen zweiten Kampf mit der wilden Bestie aufzunehmen. Natürlich erhält der Stier jedesmal einen furchtbaren Stoß von der spitzen Lanze in die linke Schulter und verweigert endlich den ferneren Angriff. Nun müssen die Banderilleros heran. Dies sind Fuß= gänger, welche in jeder Hand einen zwei Fuß langen Pfeil tragen. Die Spitze ist mit Widerhaken versehen und am anderen Ende sind Fähnchen, Rauschgold, Rakettensalz und selbst kleine Vogel= bauer befestigt, aus denen die Vögel, mit bunten Bändern geziert, entfliehen. Mit solchen Waffen gehen sie geradewegs auf den Stier los. In demselben Augenblick, wo dieser ausholt, springen sie seitwärts und stoßen ihm die Pfeile zwischen Ohren und Hörner in's Genick. Jetzt wird das Thier vollends rasend und toll, oft treibt es ganze Scharen flüchtender Banderilleros über die Barrieren, wobei sie laut verhöhnt werden. Ein= mal saß der Stier fast quer über der Barriere,

und es soll bisweilen vorkommen, daß er hinüber
gelangt. Einer der Chulos hatte die Keckheit,
den farbigen Mantel umzuhängen, so daß der
Angriff des Stiers nun direct auf ihn gerichtet
war. In dem Momente, wo jener den Kopf
senkt und geschlossenen Auges auf ihn zustürzt,
sprang er über ihn fort und kam neben ihn zu
stehen. Wenn nun endlich die Wuth des Thiers
am höchsten gestiegen, seine Kraft aber schon im
Schwinden ist, tritt der Matador ihm ganz allein
gegenüber. Jetzt entsteht die größte Stille und
Aufmerksamkeit, denn dies Beginnen ist bei
weitem das Gefährlichste. Der Matador, ein
schöner Mann in Schuhen, weißen Strümpfen,
hellblauer seidener Jacke, ein Netz über das
Haar geflochten, führt in der linken Hand ein
scharlachrothes Mäntelchen, in der rechten eine
wol vier Fuß lange vierschneidige Toledoklinge.
Diese muß dem Thier auf einer genau bestimmten
Stelle in den Nacken gestoßen werden, um es zu
tödten. Um aber den rechten Punkt zu treffen,
handelt es sich um zwei, höchstens drei Zoll
Entfernung, in welcher das Thier an den Menschen vorbeistoßen muß. Alles ist darauf berechnet,

daß der Stier eher nach dem rothen Tuch, als nach dem Träger ausholt, und daß er den Stoß blindlings geradeaus führt. Es kommen aber Ausnahmen vor und dann ist der Matador verloren. Bedächtig und kaltblütig schreitet der Caballero auf seinen schwarzen Gegner zu und hält ihm das Tuch hin. Zweimal läßt er ihn unter seinem Arm durchpassiren. Das dritte Mal steckt die Klinge dem Thiere bis an's Heft im Nacken. Noch wüthet dieses wol eine Minute herum, dann aber fängt es an aus dem Munde zu bluten, schwankt und stürzt zusammen. Eine Art Henkersknecht schleicht dann von hinten heran und stößt ihm ein Stilet in den Nacken, worauf denn auch der Stier sogleich todt ist. Jetzt treten fünf Maulthiere mit bunten Bändern und Schellen in die Bahn und schleifen die gefallenen Pferde und zuletzt den Stier im Galopp hinaus. Es wird etwas Sand auf die Blutspur gestreut, und ein neuer Kämpfer kommt an die Reihe. So wurden acht Stiere nach einander zu Tode gehetzt. Zwanzig Pferde blieben todt auf dem Platze, mehrere wurden mit schrecklicher Verwundung hinausgeführt. Ein einziger Stier tödtete acht Pferde. Menschen kamen nicht zu Schaden. Es ist wahr, die Pferde sind der Art, daß, wenn der Stier sie heute nicht tödtet, so würden sie morgen zum Schinder geschickt. Gute Pferde würden theils sehr kostbar, theils nicht dazu zu bringen sein, selbst mit verbundenen Augen dem Anrennen des Stiers Stand zu halten, ohne zu scheuen oder ohne sich zu wehren. Je mehr Pferde der Stier tödtet und je gefährlicher er den Menschen ist, um so lauter wird ihm applaudirt. Ein Stier wollte überhaupt nicht angreifen. Unter wüthendem Schimpfen und Verwünschungen lief er verzagt in der Bahn umher. Da rief Alles: los perros, die Hunde. In die Bahn gebracht, waren diese kaum noch zu halten und stürzten wüthend auf den Stier, welcher sogleich einen spießte und hoch in die Luft warf. Die übrigen faßten ihn aber, einer unter Anderem biß sich in seine Zunge fest und ließ sich hoch auf und nieder schleudern. Man hätte ihn zerreißen können, ehe er losgelassen. Vier Hunde hielten zuletzt das große Thier so fest, daß es sich nicht mehr befreien konnte und daß der Matador ihn niederstieß. Mitten in dieser Schlächterei trat die junge Königin mit der Infantin, dem Don Franzesko, ihrem Gemahl und dem Herzog von Montpensier ein. Aumale war schon früher da. Die Königin sah heiter aus. Sie ist blond und ziemlich beleibt. Die Infantin ist klein, brennend schwarz und sehr mager. Die Königin wurde vom Matador ebenso wie ihre Mutter, vom Publicum aber mit großem Beifall begrüßt. Als der achte Stier geendet, fing es bereits an zu dunkeln, das ganze Publicum rief aber (un altro toro) nach einem neuen Stier, und so wurde der neunte fast im Finstern gehetzt, was für den Matador äußerst gefährlich wird. Dies ist nun das Schauspiel, welches die Spanier über Alles lieben, an dem die zartesten Frauen Theil nehmen und dem die jungvermählte Infantin zulächelte. Was mich betrifft, habe ich an einem Stiergefecht vollkommen genug gehabt, und Du vielleicht an der Beschreibung.

Am 13. October fuhren wir mit der Diligence weiter, lange durch öde Gegenden, bis wir endlich die Engpässe der Somma Sierra erreichten. Bald darauf kam es vor, daß die

Spitzen-Pferde wegen des schrecklichen Wetters von der Straße ausbogen und den schweren Wagen in ein Feld zogen, wo er bis zur Achse einsank. Geschah dies einige Augenblicke früher, so wären wir in den Abgrund gestürzt. Es kostete viel Mühe, die verirrte Diligence wieder auf den rechten Weg zu bringen. Alle Passagiere mußten anfassen, um das Umwerfen zu verhindern. In den baskischen Provinzen nahm die Gegend einen ganz andern Charakter an. Hier, wo der Krieg so lange gewüthet, zeugt alles von Fleiß und Thätigkeit der Bewohner. Prächtig ist der Anblick der Schneegipfel der Pyrenäen. Die Straße ist im beständigen Steigen und Fallen, bald einem Flußlauf folgend, bald in ein anderes Stromgebiet übergehend. Die Dörfer sind zierlich gebaut und die Gegend erinnert sehr an die Schweiz. Grüne Wiesen, rauschende Bäche und Bäume erquicken das Auge. Viele Bauernhäuser tragen ungeheure in Stein gehauene Wappenschilder, zum Zeichen, daß ihre Besitzer Edelleute sind, z. B. alle in Murcia. Bergara und Vittoria sind schöne Städte. Prächtig liegt Fuenterrabia am baskischen Meere,

welches seine Brandung hoch über die felsen=
riffe sprißte. In Irun endlich, an der Bidessoa,
erreichten wir die Grenze frankreichs.

Was ich auf dieser flüchtigen Reise von
der spanischen Nation gesehen, hat mir den
günstigsten Eindruck hinterlassen. Nicht ein
einziges Mal bin ich angebettelt worden, dazu
ist selbst der Aermste zu stolz. Schweigend und
ernst steht er, den Mantel malerisch über die
Schulter geworfen, er verschmäht das französische
Kleid und bewahrt seine alte nationale Tracht, die
übrigens in allen Provinzen verschieden ist. Auch
der geringste Spanier erwartet mit einer ge=
wissen Rücksicht behandelt zu werden, aber eine
freundlich dargebotene Cigarre nimmt er gern.
Als Allemanne ist man überhaupt besser auf=
genommen, als jede andere Nation. frankreich
hat dem Lande zu wehe gethan und mit Stolz
erinnert der Spanier sich der deutschen Herrscher,
welche glorreich Spaniens Scepter führten.

Ein Jahrzehnt später begleitete Graf, damals noch Freiherr von Moltke Sr. Kgl. Hoheit den Prinzen Friedrich Wilhelm, jetzige Kaiserl. Hoheit, Kronprinzen von Preußen und des Deutschen Reiches, als dessen persönlicher Adjutant auf der Reise nach London und Paris. Der Prinz Friedrich Wilhelm hatte dem befreundeten Königshause von England, dessen älteste Tochter er nicht viel über zwei Jahre später als Gattin heimführen sollte, seinen Besuch abgestattet; die Rückreise ward über Frankreich gemacht und mit derselben eine Visite bei dem kaiserlichen Hofe in Paris verbunden. Diesen Aufenthalt schildern die nachfolgenden Briefe.

Briefe aus Paris.

I.

Paris, Tuileries, Pavillon Marsan,
den 13. December 1856.

Verſuchen wenigſtens will ich's, ob ich Etwas von den ſo raſch folgenden Eindrücken feſthalten und wiedergeben kann.

Beim ſchönſten warmen Sonnenſchein traf ich Mittwoch Nachmittag in Calais ein, wo der Diviſions-General Graf Bois le Comte und der Präfect M. de Tauley die Ankunft des Prinzen aus London erwarteten. Graf Hatzfeld, General Schreckenſtein und Major v. Barner waren schon Tags zuvor angekommen. In der finstern alten Stadt hatte man einen Gasthof für uns gemiethet, der zur Zeit Eduard's IV. ein Kloster gewesen sein mag, und in welchem ich denn auch meine Zelle angewiesen bekam. Nachdem die erforderlichen Höflichkeitsbesuche gemacht und erwidert, ging es Abends sechs Uhr zu einem Diner, welches mir um so besser mundete, wenn ich an den Zustand dachte, in dem die Reisenden sich eben auf dem Canal befinden mochten. Tags vorher war das Meer so unruhig gewesen, daß das Paquetboot nicht ausgelaufen war. Der submarine Telegraph meldete, „His Royal Highness left Dover at 8 o' clock". Zwei Bataillone paradirten auf dem Molo und „une escorte de cavalerie précédera l'équipage de son Altesse Royale le prince durant tout son séjour en France, à moins qu'elle ne donnera des ordres contraires". Letztere waren zur Zeit nicht gegeben, denn der Prinz wurde erst in Dover davon benachrichtigt, daß bereits in Calais großer Empfang seiner warte. Bald donnerten denn auch die Geschütze von den

Wällen, und der „Vivid" rauschte durch die Dunkelheit langsam heran. Wir sprangen an Bord und ich freute mich, daß der hohe Herr durchaus nicht nach Seekrankheit aussah, und mit der einfachen und natürlichen Sicherheit und Leichtigkeit eines wirklich vornehmen Seigneurs den Militärs nicht nur, sondern auch dem clergé, den autorités municipales und Allem, was sich berufen fühlte, sich vorzustellen, etwas Angemessenes und Freundliches zu sagen wußte. Nach Mitternacht erst ging man auseinander. Am Donnerstag früh um sieben Uhr fuhren wir per train spécial nach Paris. Im Salonwagen befanden sich, außer den begleitenden Localbehörden, der Oberst Graf Toulongeon, Flügeladjutant des Kaisers, und Graf Riancourt écuyer, welche nebst dem Kammerherrn Labedoyère zur Aufwartung beim Prinzen commandirt sind.

La belle France ist in der Picardie recht langweilig und wurde nur in Amiens durch ein sehr gutes Frühstück verschönert. Du erinnerst Dich, daß wir dort auf der Rückreise von Boulogne Nachtquartier genommen und die

Kathedrale besuchten, wo „St. Martin divisa son manteau".)

Je weiter nach Paris, je mehr tritt der Kalkfels zu Tage. Man fährt in dem hübschen Thal der Oise. Zur Rechten erhebt sich auf einer steilen Felswand die schöne Kathedrale von Pontoise, dann erblickt man in der Ferne den Montmartre mit seinen Häusermassen und Windmühlen, den Mont Valérien und zur linken St. Denis mit der prächtigen gothischen Kirche, welche die Königsgräber umschließen sollte, wirklich aber nur ein Potpourri von Königsgebeinen enthält, da die Revolution die Asche von Ludwig dem Heiligen und Ludwig dem XIV. (der etwas spät heilig wurde) und Alles, was dazwischen liegt, zusammengeworfen hat. Durch die Enceinte fährt man dann in die prachtvolle gare du Nord. Hier empfing den Prinzen S. A. le prince Napoléon, der eine ganz unbeschreibliche Aehnlichkeit mit seinem großen Onkel hat. Ganz dies schwarze Haar, die bleiche Gesichtsfarbe und das Imperatoren= profil. Im Hofe des embarcadère paradirten zwei Bataillone, und gab es natürlich rothe

Teppiche, kaiserliche Hofequipagen und Escorte von guides à cheval. Die Livree ist grün mit Gold, die Geschirre sind reich und geschmackvoll, die Pferde außerordentlich schön und meist englische Zucht. Der Zug ging durch Faubourg St. Martin nach dem neuen, schönen Boulevard de Strasbourg, du Montmartre, Poissonière (an unserem Hotel Rougemont vorüber), über Boulevard des Italiens, Rue de la Paix, Rue Rivoli in die Tuileries. Beim Einfahren durch den Triumphbogen auf den Carrousselplatz gaben die Wachen kaiserliche Honneurs. Unten an der großen Haupttreppe empfing den Prinzen Seine Majestät der Kaiser und führte ihn unmittelbar zur Kaiserin. Da dies in dem gedruckten Programm vorgesehen und unterwegs gar keine Zeit war, Toilette zu wechseln, steckten wir alle schon seit sieben Stunden in gestickten Röcken und Ordensbändern. Auf diesem Zug, gerade in der Promenadenzeit, gab es Gelegenheit genug de voir et d'être vu.

Der Kaiser trug die Uniform der französischen Marschälle und den Cordon des schwarzen Adlerordens. Die Kaiserin war einfach und

geschmackvoll gekleidet, dunkelgrün mit schwarz,
im hohen Kleid. Es fanden gleich nach der
ersten Begrüßung die Vorstellungen statt, aber
sans phrase, dann geleitete der Kaiser den
Prinzen aus dem Saal im mittleren Pavillon
(de l'horloge) durch die lange Reihe von
Prachtzimmern und Galerien bis in seine
Wohnung im Erdgeschoß des Pavillon Marsan,
Ecke der Rue Rivoli und des großen Platzes,
welcher sich bis zum arc de triomphe aus=
dehnt. Wir fanden hier Herrn von Rosenberg,
die beiden Prinzen Reuß, Major von Treskow,
von Romberg, kurz die Preußen in Paris. Der
Prinz machte bald darauf seinen Besuch beim
oncle Jérome und Prinzen Napoléon im
Palais Royal und später bei Prinzeß Mathilde
(Demidoff). Der vormalige König von Westfalen,
welcher trotz seines hohen Alters noch recht
rüstig ist, machte fast unmittelbar darauf seinen
Gegenbesuch, und auch Prinz Murat ließ sich
anmelden.

Um sieben Uhr war Diner in der Galerie
de la Diane für den Hof des Kaisers, Cam=
bacérès, Rollin, Bassano, Bacciochi, Tascher,

Princesse d'Eßlingen sind lauter Namen, die an das premier empire erinnern. Die Hofdamen waren Madame de Marnézia, welche ich zu Tische führte, Madame Courmel, Wittwe des tapferen Generals, der vor Sewastopol blieb, Madame Labedoyère, die in Berlin sehr gut deutsch gelernt, und Madame Reinwald, alle sehr liebenswürdig und unterhaltend. Der Prinz, welcher die Kaiserin führte, saß zwischen dieser und dem Kaiser, ich hatte meinen Platz gegenüber. Die bekannten Porträts des Kaisers und der Kaiserin sind zwar ähnlich, aber ersetzen doch immer nicht die Anschauung. Ich hatte mir Louis Napoléon größer gedacht; er sieht zu Pferde sehr gut aus, zu Fuß weniger. Eine gewisse Unbeweglichkeit seiner Züge und der, ich möchte fast sagen, erloschene Blick seiner Augen fiel mir auf. Ein freundliches, ja gutmüthiges Lächeln herrscht in seiner Physiognomie vor, die wenig Napoleonisches hat. Er sitzt meist, das Haupt leicht nach einer Seite geneigt, ruhig da, und gerade diese Ruhe, die ihn bekanntlich auch in gefährlichen Krisen nicht verläßt, mag es wol sein, welche den beweglichen

Franzosen imponirt. Daß seine Ruhe nicht Apathie, sondern das Ergebniß eines überlegenden Geistes und eines festen Willens ist, haben die Begebenheiten gezeigt. Im Salon trägt er eine imponirende Haltung nicht zur Schau, und im Gespräch wohnt ihm sogar eine gewisse Befangenheit bei. Er ist ein empereur, aber kein König.

Die Kaiserin Eugénie ist eine überraschende Erscheinung. Sie ist schön und elegant. Die Aehnlichkeit mit Frau von B. fiel mir auf, doch ist sie brünett. Hals und Arme sind von unübertrefflicher Schönheit, die Figur schlank, ihre Toilette ausgesucht, geschmackvoll und reich, ohne überladen zu sein. Sie trug ein weißes Atlaskleid von so beträchtlichem Umfang, daß die Damen künftig noch einige Ellen Seidenstoff mehr brauchen werden als bisher. Im Haar hatte die Kaiserin einen scharlachrothen Kopfputz und um den Hals eine doppelte Schnur prachtvoller Perlen. Sie spricht viel und lebhaft und zeigt dabei mehr Lebendigkeit, als man an so hoher Stelle gewohnt ist.

Wir speisten in der Galerie der Diana,

welche man in zwei Säle umgewandelt hat. Die Aufsätze der Tafel von mattem Silber sind sehr schön gearbeitet, die Küche vortrefflich, nicht allzuviele, aber ausgesuchte Sachen. Die Dienerschaft tritt mit den Schüsseln heran und nennt das Gericht. Dies ist ein bischen unbequem, man muß das Gespräch alle Augenblicke unterbrechen, um zu sagen, ob man einen turbot will oder ein merlan nicht will. Der Wein ist ausgesucht, Champagner bildet den eigentlichen Tischwein und wird während der ganzen Tafel eingeschenkt, nebenher Bordeaux, Sauterne, Rheinwein, schließlich Xeres und Malvasier.

Erst nach aufgehobener Tafel machten die Herrschaften Conversation mit uns Fremden. Die Kaiserin unterhielt sich mit Leichtigkeit sehr verbindlich und hat das Talent de vous mettre à votre aise. Sie allein setzte sich mit der Gräfin Hatzfeld; der Kaiser, der Prinz und folglich alle Uebrigen restaient debout bis um elf Uhr. Der Oberkammerherr sorgte dafür, daß die Herren einzeln vor den Stuhl ihrer Majestät herantraten. Das haben sich die englischen Herrschaften bequemer eingerichtet;

wenigstens war ich froh, als endlich der Thee servirt wurde und man sich unmittelbar darauf zurückzog.

Ich bewohnte eine ganze Suite von Zimmern im Pavillon Marsan nach der Rue Rivoli hinaus, die früher der Prinz von Orléans einnahm. Schwere, rothe Damasttapeten und Fenstervorhänge, prachtvolle Wand=Candelaber, Boule=Möbel, vergoldete Fauteuils, ungeheuer große Spiegel, schöne Gemälde (von Poitevin), das alles kannst Du Dir denken, es ist mehr oder weniger in allen Schlössern dasselbe. Aber zum rechten Comfort, wie in meinem Thürmchen zu Windsor, kommt man doch nicht. Es brennen ein Dutzend Kuppellampen, aber wenn ich mir Etwas holen will, so stecke ich noch die Wachskerze an. Am wohnlichsten ist noch die sieben Fuß tiefe Fensternische, in welcher der Schreibtisch steht, nur wird man dort wieder nicht recht warm, obgleich in allen Kaminen ganze Scheiterhaufen brennen. Ein Zugwind ist überhaupt in den Tuilerien, von dem man keine Vorstellung hat. Die Verschiedenheit der Temperatur in diesen ungeheuren Räumen verursacht oft in den sie verbindenden Thüren einen förmlichen Orkan.

Sehr ermüdet von so Vielem, was ich heute gesehen, legte ich mich bald in mein breites und sehr vortreffliches Himmelbett; aber ich konnte lange nicht zur Ruhe kommen. Bald stürzte ein Scheiterhaufen im Kamin zusammen, so daß plötzlich eine lichte Flamme aufloderte, bald schnurrte eine der vielen altmodischen Stutzuhren, als ob sie daran erinnern wollte, daß unter diesem Dache die Zeiten rascher wechseln als anderswo. Selbst die unglaubliche Stille hier mitten in der geräuschvollen Stadt schien befremdlich, welche, neben anderen Zwecken, durch Entfernung des Straßenpflasters erreicht worden ist. Die schweren Vorhänge und Teppiche dämpfen jeden Schall, die Thüren bewegen sich lautlos in ihren Angeln, und so hatte ich den Kammerherrn nicht eintreten hören, den Louis XIV. vom Louvre abgeschickt, um mich zu fragen, wie er eigentlich zu dem Vorzug meines Besuches in seinem Palast gelangt sei. Ich suchte dem Marquis aus Gervinus' Geschichte zu beweisen, daß seit dem ancien régime doch

so mancherlei passirt sei, und daß er hier eigent=
lich gar nicht mehr mitzusprechen habe. Er
zuckte hochmüthig die Achseln und überließ mich
meinen eigenen geistreichen Betrachtungen, über
welchen ich erst am folgenden Morgen erwachte.

Es ist sehr angenehm so eingerichtet, daß
die Kaiserliche Familie den Prinzen erst von
Abends sieben Uhr in Anspruch nimmt, und daß
man so den ganzen Tag zur eigenen Verfügung
behält. Schon um neun Uhr früh, wo in Paris
die Sonne kaum aufgegangen, setzten wir uns
in Bewegung, nach Umständen incognito in voi-
tures de place oder officiell in Kaiserlicher
Equipage.

II.

Unsere nächste Excursion ging in erster Art am Freitag über die Boulevards nach der neuen Caserne Napoléon und dem Hôtel de ville. Die erste ist ebenso schön und elegant äußerlich, als schmutzig im Innern, letztere ein Palast, wie ihn wenige Könige so groß und prachtvoll bewohnen. Der Seine-Präfect, der den Prinzen empfing (denn auch das Programm der Excursion ist im Voraus festgestellt), hält hier Hof und repräsentirt die gute Stadt Paris. Bei einem Budget derselben von, ich glaube,

18 Millionen lassen sich schon einige Feste und Diners geben! Eigenthümlich schön ist der Hof dieses Prachtbaues mit der imposanten Freitreppe, welcher, von einem ungeheuren Krystalldach überdeckt, den größten und schönsten Salon bildet, in welchem wol 10,000 Gäste sich bewegen können. Der Fußboden wird dazu mit Teppichen belegt, und zahllose Gasflammen erleuchten die Säulen und Statuen des Gebäudes. Dies Stadthaus und die daneben liegende Caserne bilden übrigens im Mittelpunkte der Stadt ein hübsches strong-hold genau da, wo in kurzer Zeit zwei breite, fast gerade Straßen das schöne, lebhafte Paris rechtwinkelig durchschneiden werden. Man hat nicht blos zu bewundern, was Louis Napoleon geschaffen, sondern auch was er zerstört hat. Es ist hier eine Anzahl winkeliger Gassen und eine Häusermasse weggebrochen, die wol so groß sein mag, wie Breslau oder Magdeburg. Der so gewonnene Raum ist mit Palästen aus Quadersteinen für jetzt erst plattirt; dahinter stehen noch viel halbe Häuser, die aussehen, wie auf Bauzeichnungen der innere Aufriß, und welche alle Geheimnisse ihrer Gemächer,

Küchen und Treppen verrathen, außerdem wüste Plätze und Schutthaufen, wie nach einem Bombardement. Diese werden aber sehr bald verschwinden, wo der Raum so gesucht und das Bedürfniß nach Wohnungen so groß ist. Schon erblickt man aus der verlängerten Rue Rivoli die Julius-Säule auf dem Bastillenplatze, bis zu welchem diese Prachtstraße fortgeführt werden soll. Viele alte Prachtgebäude sind dabei an's Tageslicht gezogen, die man sonst im Gewirr der Straßen gar nicht bemerkte, z. B. der schöne, alterthümliche Thurm von St. Jaques, welcher jetzt frei dasteht. Was das alles kostet, das findet sich wol in den Büchern der Municipalität. Da die Paläste die Wohnungen verdrängen, so muß natürlich für die unbemittelte Classe anderweitig gesorgt werden, und das thut der Kaiser unstreitig und in großem Maßstabe. Die Arbeiter werden dadurch freilich in die Vorstädte hinausgewiesen. Welchen Einfluß dies auf eine kräftige Handhabung der öffentlichen Ordnung und Sicherheit haben muß, das läßt sich leicht begreifen.

Nach dem Frühstück, einem vollständigen und vortrefflichen Diner zu zwölf Couverts in den Gemächern des Prinzen, sahen wir noch Notre-Dame de Paris und den Jardin des plantes mit den dort vereinigten Sammlungen. Die schöne 120jährige Ceder, deren Du Dich erinnerst, war mir das Liebste. Ich erfuhr, daß sie als Schößling in einem Blumentopf aus England gekommen ist. Man findet aber jetzt auch in der Umgegend schöne Exemplare der Kinder des Libanon.

Abends war ganz kleines Dîner beim Kaiser, nur etwa zwanzig Converts. Dann ein langweiliges Ballet von drei Acten, les Elfes, im großen Opernhaus, welches bis Mitternacht spielte. Das Haus faßt 2000 Menschen, ist aber an Pracht und Geschmack mit unserem Opernhause nicht zu vergleichen. Der Hof benutzt die sehr bescheidene Prosceniumsloge zur Linken; eine große Repräsentationsloge in der Mitte ist nicht vorhanden. Der Kaiser wurde mit vive l'Empereur empfangen. Der Prinz saß zwischen ihm und der Kaiserin, dahinter nur die Damen du palais und der General Niel. Wir waren in kleinen Logen untergebracht. Ich bemerkte, daß hier das Publicum des ersten

Ranges nie applaudirt. Dies ist Sache von etwa 100 Personen in der Mitte des Parquets, die wol die claque bilden. Amusant war es, in das Foyer hinter der Bühne zu gehen, wo die Tänzerinnen vor einem großen Spiegel ihre Pirouettes übten. Außerordentlich schön sind aber die Decorationen. Die Coulisse ist ganz beseitigt, die Malerei ist vortrefflich und man glaubt, in eine reizende Landschaft zu sehen. Besondere Pracht fand ich weder in den Costumes, noch in der Beleuchtung.

III.

Am Sonnabend sahen wir die Gemälde, welche in der 800 Fuß langen Galerie aufgestellt sind, die längs der Seine bis zum Louvre führt. Diese Verbindung, welche Napoléon I. beabsichtigte, ist jetzt auch auf der Seite der Rue Rivoli durch Napoléon III. hergestellt. Du erinnerst Dich wol aller der halben Häuser, die dort im Wege standen; das ist jetzt alles fort; fünf prachtvolle Pavillons und die ungeheuer lange Verbindungsfront sind hergestellt. Um ein Uhr waren im Schloßhof 22 Bataillone, ca. 15,000 Mann, in Parade aufgestellt. Der Kaiser ritt mit dem Prinzen die Front entlang. Wir sahen hier die Marschälle Vaillant, Magnan, Pelissier (Duc de Malakoff), Canrobert, Baraguay d'Hilliers 2c. Hierauf fand eine Ordensvertheilung statt. Die, welche damit belohnt werden sollten, wurden vor der Front der ganzen Parade aufgerufen, und der Kaiser selbst händigte jedem seine Decoration ein, indem er ihm freundlich die Hand drückte. Dann erfolgte der Vorbeimarsch in Divisionen zu fünfzig Rotten. Das Gewehr wurde noch nach der alten Art mit dem linken Arm, aber sehr nachlässig, getragen, kaum daß Alles Tritt hielt. Man gibt hier Nichts darauf; bei uns wären Alle zum Nachexerciren commandirt worden. Die Divisionen riefen, wenn sie an den Kaiser herankamen, aber mehr oder weniger vollstimmig, vive l'Empereur, einzelne auch vive l'Impératrice. Die Kaiserin war nämlich trotz des Regens bis zu Ende auf dem Balcon des Pavillon de l'horloge. Der Kaiser, zu dessen Rechten der Prinz hielt, nahm übrigens von den Zurufen gar keine Kenntniß. Ich wundere mich, daß er sie nicht ganz abschafft.

Gegen Ende der Parade war l'enfant impérial von einer Spazierfahrt zurückgekehrt. Die achtmonatliche Kaiserliche Hoheit geruhten dann, aus ihren mit blauer Seide auswattirten Fenstern im Erdgeschoß einen Blick auf die Truppen zu werfen; wir ritten mit dem Kaiser heran, dem die Freude auf dem Gesichte strahlte, und es ist wahr, es ist ein prächtiger kleiner Bursche.

Nachmittags fuhren wir nach dem Hôtel des Invalides, welches 5000 alte Krieger beherbergt. Die Verwundeten aus dem Krim= feldzuge sind aber fast alle in ihrer Heimath mit 600 Fr. untergebracht. Wir besahen hier das künftige Grab Napoléon's unter der hohen, prachtvollen Kuppel des Doms. Dies Mausoleum ist allerdings ein dem großen Feldherrn voll= kommen würdiges, in den ungeheuersten Dimen= sionen ausgeführt. Eine breite Marmorbalustrade führt rings um den kolossalen Porphyr=Sarcophag, der aber noch offen steht. Der Sarg des Kaisers, äußerlich von schwarzem Ebenholz, ist noch immer in einer der vier schönen Seitencapellen aufgestellt. Die ganze Idee ist von den Orléans (oder vielmehr von M. Thiers) ausgegangen. „L'empereur n'aime pas déposer son oncle ici, il le veut à St. Denis, comme chef de la dynastie future", und das begreift man. Freilich, einen solchen Raum wie hier findet er dort nicht.

Abends kleine Tafel beim Kaiser, dann théâtre du Gymnase. Wir hatten heute Vormittag im Louvre das große, ergreifende Bild von Müller gesehen, welches ein Gefängniß aus der Schreckenszeit der Revolution darstellt. Die nächsten Opfer zum Schaffot werden herausgeholt. Heute Abend sahen wir ein Stück aus derselben Periode, in welchem eine Frau ihren Mann rettet und die Republikaner natürlich keine schöne Rolle spielen. Das Haus war sehr besetzt, es ist übrigens recht häßlich. Die Herrschaften hatten eine sehr enge Seitenloge.

IV.

Am Sonntag früh besuchten wir das Palais de justice auf der Seineinsel, dessen Erdgeschoß den Kerker Marie Antoinette's enthält, ein enges, schreckliches Gefängniß. Diese Gewölbe sind die Ueberreste des alten Palastes, in welchem die französischen Könige residirten, während die Normannen das Land durchstreiften. Außer ihnen ist noch die Chapelle sainte erhalten, ein prächtiger Bau, in welchem Ludwig der Heilige seine Andacht verrichtete und wo man sein Herz in einer Kapsel aufgefunden hat.

Die Capelle ist völlig in ihrer alten Pracht restaurirt mit unendlichem Schmuck an Farbe und Vergoldung.

Hiernach sahen wir das Hôtel Clugny, ein Bauwerk, welches mich vor Allem interessirt hat. Kirchen, Rathhäuser und feste Schlösser aus dem Mittelalter hat man genug, aber eigentliche Wohnhäuser aus dem 15. und 16. Jahrhundert sind recht selten, besonders in Deutschland. Man wendete wol selten große Kosten und ein sehr dauerhaftes Material an bloße Privatwohnungen. Manches wurde von der Zeit zerstört, noch viel Mehreres den kleinlichen Bedürfnissen unseres Zeitalters geopfert und umgewandelt. Was bei uns, namentlich in den Hansastädten, in Danzig, Elbing, Lübeck, Lüneburg und auch in Nürnberg und Augsburg an alten Häusern erhalten ist, trägt den Stempel des Bürgerthums; es sind meist hohe Giebelhäuser, in denen das untere Stockwerk durch große Hallen ausgefüllt ist, welche die Waaren aufnahmen, darüber die Staatszimmer, die eigentlichen Wohnräume meist klein und nebenher angebracht. Hier, unweit der Sorbonne, steht in

Paris das wohlerhaltene und ganz wiederhergestellte Wohnhaus eines Seigneurs aus der Zeit Franz I.; Jean de Bourbon, Abt von Clugny, erbaute, wie mein guide angibt, das Haus 1480. Es ist ein ausgedehntes, zweistöckiges Gebäude mit mehreren Höfen und schönen Treppenthürmen. Die Zimmer reichen quer durch das ganze Haus und haben nach zwei Seiten Fenster. Diese sind tief in die starken Mauern eingelassen, durch ein starkes steinernes Kreuz abgetheilt und durch in Blei gefaßte Scheiben geschlossen. Das Ganze ist überaus wohnlich und wohlhäbig. Das Hôtel Clugny war später ein Nonnenkloster geworden; während der Revolution hauste Marat hier; jetzt ist es Staatseigenthum und enthält eine Sammlung der interessantesten Alterthümer und Kunstschätze. Uebrigens ist der Platz auch sonst merkwürdig, denn hier stand der Palast, in welchem die römischen Präfecten Galliens und die ersten französischen Könige residirten, bis Ludwig der Heilige den Palast bauen ließ, dessen Gewölbe die schon erwähnte Conciergerie im Palais de justice bilden. Aus einem der Höfe des

Hôtel Clugny tritt man unmittelbar in das Frigidarium eines römischen Bades und man glaubt sich plötzlich nach Rom versetzt. Ein hohes, weites Gewölbe ruht auf Mauern von ungeheurer Dicke, aus Schichten flacher Ziegel und behauener Steine erbaut und mit römischen, selbst vorrömischen Sculpturen angefüllt; denn hier hielten die Suessionen ihren Druidendienst, als Sümpfe und dichter Wald noch die Seine= inseln umgaben.

Um zwölf Uhr fuhren wir in die protestan= tische Kirche. M. Valette schloß den Prinzen und sein erlauchtes Haus, als die Beschützer des rechten, evangelischen Glaubens, in das Kirchen= gebet ein.

Nachmittags machten wir eine sehr in= teressante Spazierfahrt in kaiserlicher Equipage. Erst besuchten wir die Chapelle Saint-Fer- dinand in der Route de la Révolte errichtet an der Stelle, wo der unglückliche Herzog von Orléans aus dem Wagen sprang, welcher sehr bald darauf zum Stehen gebracht wurde. Die Weltgeschichte hätte einen anderen Lauf genom= men, wenn er sitzen blieb. Dann ging es durch das Bois de Boulogne, dem vor allem Bäume fehlen, wie unser Thiergarten sie zeigt. Aber Kaiser Napoléon hat auch aus diesem Buschwerke etwas zu machen verstanden. Schöne Chaussee, weite Rasenfläche, ein ganzer See und ein prächtiger Wasserfall sind seine Schöpfung. Namentlich der Wasserfall ist von überraschender Schönheit und Großartigkeit. Man hat ein wirkliches Gebirge von Kalkstein aufgethürmt und mit großem Geschick eine der Höhlen nachgeahmt, die in dieser Formation so oft vorkommen. Ein ganzer Fluß stürzt sich aus dem Dunkel der Höhle und eilt dann durch eine köstliche, freie Gegend, welche von den bewaldeten Bergen umschlossen wird, an deren Fuß St. Cloud und Sèvres so malerisch gelegen sind. Wir besuchten das Lieblingsschloß der Napoléoniden, bewunderten den Reichthum und guten Geschmack, mit welchem es eingerichtet ist, und den wundervollen Blick aus den Fenstern und von der Terrasse. Leichte, vierspännige Wagen standen bereit, die uns in schärfster Gangart, oft im Galopp, durch den Park und über die Berge führten. Dann kehrten wir durch das

Gedränge von Equipagen, Reitern und Fuß=
gängern im Bois de Boulogne nach den Tuile=
rien zurück.

Abends war ein Diner von 80 Couverts
beim Kaiser. Sämmtliche Marschälle waren ge=
laden, an Diplomaten nur Lord Cowley und
Graf Hatzfeld. Man hatte uns die Ehrenplätze
eingeräumt. Ich saß zwischen Madame Bruat
(Wittwe des Admirals und Erzieherin des kai=
serlichen Prinzen) und Madame Walewsky sehr
angenehm. Alle Herren waren im schwarzen
Frack, pantalons collants, Ordensband über
der Weste.

V.

Montag fuhr der Prinz mit dem Kaiser nach Fontainebleau, um Fasanen zu schießen. Ich benutzte die Freiheit, um in Paris zu flaniren. Abends ganz kleiner Cercle bei der Kaiserin. Das Gespräch kam auf Magnetismus. Der Kammerherr M. B. wurde von einem anwesenden Arzt magnetisirt. Er muß seine Rolle sehr gut gespielt haben, oder er schlief wirklich. Er schwitzte und weinte dabei. „Vous souffrez?" „Oui!" „Où donc?"

„Am Herzen." „Vous ne dormez pas bien ici?" „Non." „Où voudriez vous être?" worauf die Kaiserin unterbrach: „Ah! ne posez pas cette question là, il dit quelques fois des bêtises."

VI.

Dienstag war große Parforcejagd im Walde von Fontainebleau. Um zehn Uhr früh wurde aus den Tuilerien abgereist. General Schreckenstein und ich hatten die Ehre, mit der Kaiserin in derselben Kutsche nach dem Bahnhofe zu fahren. Ihre Majestät trug einen runden Civilhut und einen grauen Paletot über dem Reitkleid. Wir fuhren die neue Rue Rivoli bis zum Bastillenplatz und dann nach dem Bahnhof der Lyoner Bahn, wo ein Specialtrain bereit stand. Auf der gare bildeten Municipalgarden Spalier. Das anwesende Publicum rief vive l'impératrice. In dem Salonwagen der Kaiserin befanden sich Gräfin Hatzfeld, die Damen Walewsky, de Contades (geb. Castellane) und St. Pierre, der General Rollin, einige Herren und wir. Es hatte die Nacht ziemlich stark gefroren, der Tag war sonnig und schön, und die Gegend nahm sich prachtvoll aus. Man fährt immer im Thal der Seine, die in schönen Windungen dahinfließt. Bei dem anmuthig gelegenen Melun passirt man den Strom auf einer stattlichen Brücke. Bald tritt man in das bewaldete Hügelland, welches das alte, geschichtlich so interessante Fontaineblean umgibt. Die sämmtlichen Officiere des dort stationirten Dragonerregiments zu Pferde machten die Escorte durch den hübsch gebauten Ort bis an die große Freitreppe in der Cour du cheval blanc, wo der Kaiser und Prinz Friedrich Wilhelm Ihre Majestät empfingen. Es wurde schnell ein kleines Frühstück eingenommen, und ich hatte eben noch Zeit, die prächtige Galerie Franz' I. und den Saal Heinrich's II. zu durchlaufen und einen Blick in die ausgedehnten Höfe zu werfen, die von den Bauwerken im verschiedensten Stil umgeben sind, welche hier die französischen Herrscher seit Ludwig dem Heiligen aufgeführt haben. Franz I., Heinrich IV., Ludwig XV. und Napoléon's Geschichte knüpfen sich an diese Mauern. Die vollständige Restauration wurde durch Louis Philippe ausgeführt. Charakteristisch sind auch hier die vielen Pavillons mit hohen, steilen, oben abgestumpften Dächern, wie Du sie von den Tuilerien und Schloß Eu in Erinnerung hast. Die Pavillons sind dann durch lange Galerien verbunden. Das ausgedehnte Gebäude ist durch Gärten mit Wasserspiegeln, Bosquets und Rasenplätzen umgeben und in größerer Ferne durch den 36,000 Arpents großen Wald umschlossen. Eine beträchtliche Zahl sechsspänniger Jagdwagen führte die ganze Gesellschaft nach dem etwa eine halbe Meile entfernten Rendezvous, wo die Pferde und die Meute hielten. Wer nicht reiten wollte, konnte der Jagd, so gut es gehen wollte, im Wagen folgen. Der Weg zum Rendezvous führte uns anfangs durch eine sandige Ebene, theils mit dichtem Fichtenwald, theils mit altem Eichen- oder jungem

Buchenwald bestanden. Bald aber erstieg die Straße eine ziemlich bedeutende Anhöhe, und plötzlich sahen wir uns in eine Felsgegend mit tiefen Schluchten versetzt. Die großen Kalksteinplatten lagen oft so dicht, daß kaum eine Vegetation dazwischen Platz fand, und steile, schmale Fußwege führten in die Thäler hinab. Dazwischen folgten dann wieder ausgedehnte Waldreviere mit sternförmig angelegten Schlägen, in welchen der sandige Boden die stärksten Gangarten begünstigte. Es war klar, daß man sich stets auf den Wegen halten mußte, und daß außerhalb derselben nicht fortzukommen war.

Auf dem Rendezvous fanden wir 50—60 Pferde, fast alle englisches Vollblut und von einer Schönheit und einer eleganten Zäumung, die Nichts zu wünschen übrig ließ. Ich glaube, daß der Stall des Kaisers der am besten ausgestattete in der Welt ist; wenigstens der englische ist gar nicht damit zu vergleichen. Seltsam ist es, daß man hier im Winter alle Pferde barbirt, wie in Italien, oder vielmehr das ganze Haar wird mit einer Vorrichtung von Spirituslampen abgesengt. Eine Art Mausefarbe ist daher vorherrschend, aber die Pferde gerathen nicht so leicht in Transspiration; im Stall müssen sie freilich sorgfältig bekleidet werden.

Einen Hirsch hatte ich noch nicht hetzen sehen. Die Hunde sind etwas größer, übrigens von demselben Schlage wie bei uns. Ich hatte erfahren, daß ein sehr scharfes Tempo geritten würde und daß die Jagd selten weniger als eine Stunde dauert. In dieser Umgebung, in einem ganz fremden Terrain war es mir keineswegs gleichgültig, ob ich Herr meines Gauls sein würde. Ich eilte daher, in den Sattel zu kommen, ritt zur Probe einen der Schläge hinab, kehrte aber völlig beruhigt zurück, denn mit einem solchen Pferde mußte jede Jagd geritten werden können.

Nachdem Alles aufgesessen war, was die Jagd zu Pferde mitmachen wollte, ritt man nun nach dem eine viertel Meile entfernten Punkt, wo der Hirsch gespürt worden war. Die Hunde wurden auf die Fährte gebracht, die Waldhörner erschallten, und fort ging's einen langen, geraden Schlag hinab, daß einem die Haare sausten.

Der Zug war prächtig anzusehen. Die französischen Herren trugen alle das Hofjagd=
costüm, den kleinen chapeau à trois cornes mit weißen Straußfedern besetzt, grüne Röcke mit rothsammtenen Kragen und Aufschlägen, alle Nähte mit breiten, goldsilbernen Tressen besetzt, couteaux de chasse, weiße Bein=
kleider und Stulpstiefel. Der Kaiser trug dazu den Stern des schwarzen Adlerordens. Schade, daß wir Preußen unsere scharlachrothen Jagd=
röcke nicht mithatten; wir nahmen uns im Frack bescheiden genug aus. Der Prinz wenigstens hatte einen eleganten Reitanzug und sah statt=
lich aus auf einem prachtvollen englischen Fuchs. An Damen ritten nur die Kaiserin, Madame de Contades und Madame de St. Pierre, alle in dreieckigem Federhut und grüner Jagduniform, mit den nöthigen Modificationen. Die Kaiserin führte das ganze Rennen im schärfsten Tempo; sie sitzt ruhig und elegant zu Pferde und sieht sehr gut aus. Madame Contades reitet, ich möchte fast sagen, zu gut. Sie coquettirte mit der Lebendigkeit ihres Braunen, der gar nicht anders als in Lançaden ging; jeder Andere

würde gewiß alle Mühe gehabt haben, auf diesem Gaul im Sattel zu bleiben. —

Da man den Hunden durch das Dickicht nicht folgen konnte, so kam es darauf an, immer denjenigen Schlag zu wählen, der wieder auf die Fährte zurückführte. Es gab daher scharfe Wendungen, aber auch manchen kleinen Halt. Nun war der Hirsch aber so klug gewesen, sich in das Felsterrain zu flüchten, wo man nur zu Einem auf steilem Fußpfad fortkommen konnte. Das gab denn ein schönes Bild. Die Sonne schien prachtvoll, die Gegend war malerisch wild, aber man durfte nicht lange weilen, denn es galt, den Zug auf dem nächsten Waldweg durch vermehrte Schnelligkeit wieder einzuholen. Das war auch bald geschehen bei solchen Pferden, und eine Erleichterung, wenn man die prächtigen, aber etwas schwer auf der Hand gehenden Thiere ganz frei auslaufen lassen konnte.

So ein Hirsch rennt noch anders, als unsere Sauen, und dazu die weiten Umwege, die man machen muß. Schon waren wir 35 Minuten geritten, als die Kaiserin mit ihren

Damen Halt machte und uns vorüber ließ.
Wir waren fast wieder zu dem Punkt gekommen, von wo wir ausgeritten. Die Hunde
schienen auf eine falsche Fährte gerathen zu
sein, und wir gelangten nochmals in die Felsgegend, dann in dichtes Gehölz und Sumpf.
Bald wurde die zersprengte Meute wieder versammelt. Alles sprang vom Pferde, um über
Felsblöcke und Morast an einen Dümpel zu gelangen, wo Hallali gemacht wurde. Der Hirsch
mußte, bereits verendet, aus dem Wasser gezogen werden. Die Jagd hatte fast $1^3/_4$ Stunden gedauert. Alle Preußen, welche mitgeritten,
waren bei der curée, der Prinz, beide Reuß,
Barner, Romberg und ich. (Ich hatte noch
außerdem das Glück gehabt, den Hut des Kaisers
aufzugreifen, der bei einer Wendung an einem
Wachholderbusch hängen geblieben war.) Eben
wollten wir zu unseren Pferden zurückklettern,
als es hieß, die Kaiserin sei da. Wirklich war
es den muthigen Damen gelungen, durch Sumpf
und Steinblöcke bis zum Ort des Hallali zu gelangen, einem hohen, freien Plateau, einer Stein-
wüste ähnlich. Es wehte ein scharfer Wind, und

da man ganz nasse Füße bekommen, so war ich
sehr zufrieden, bald wieder in Bewegung zu
kommen. Es gab einigen Aufenthalt, denn die
Pferde waren vertauscht; aber auf einem zweiten,
ebenso vortrefflichen konnte ich die Uebrigen in
einer flotten Carrière noch vor dem Rendezvous
einholen. Dort fand ich Paletot und Plaid, und
bald leuchtete auch das alte Schloß, das so
manchen Jagdzug aufgenommen hat, im Abend=
licht durch die Baumgruppen. An den mäch=
tigen Kaminfeuern erwärmte man sich, und nach
einem angenehmen Jagddiner fuhren wir nach
Paris zurück. Das Souper wurde beim Prinzen
eingenommen, und Abends ging ich noch in das
kleine Theater im Palais Royal.

VII.

Heute Mittwoch haben wir die Sculpturen im Louvre besehen. Die berühmte Venus von Milo (freilich ohne Arme) verdunkelt fast die übrigen Kunstschätze, die hier vereinigt sind. Interessant war mir, in einem der Säle den großen Kamin in Stuck wiederzufinden, den ich im Franc zu Brügge in Holzschnitzwerk gesehen habe. Wir fuhren dann noch nach der Gobelinsfabrik, wo die wundervollsten Sachen ausgeführt werden. Man arbeitete an den Porträts berühmter Franzosen, die im Louvre aufgestellt werden sollen und welche wie die feinsten Pastellgemälde aussahen. Der Künstler hat an einem solchen Porträt ein ganzes Jahr zu thun. Um ein Uhr stand die Infanterie, Cavallerie und Artillerie der Garde im Hofe der Tuilerien en parade aufgestellt. Der Vorbeimarsch fand auf dem Carrousselplatz statt.

Nach einem vortrefflichen Diner bei Graf Hatzfeld fuhren wir noch in die Oper und sahen die beiden letzten Acte der „Favoritin" von Donizetti. Roger und Mad. Borghi-Mamo sangen.

VIII.

Donnerstag schon um halb neun Uhr fuhren wir in zwei vierspännigen Postwagen nach St. Denis. Die Postillone tragen die kaiserliche Livrée, Grün mit Gold, dreieckige Hüte und gepuderte Zöpfe. Es wird aus dem Sattel gefahren, die Pferde mit Schellengeläute, das Posthorn durch Knallen mit der Peitsche ersetzt, ein Courier vor, zwei hinter dem Wagen. Die Fahrer tragen eine Art Schurzfell aus Ziegenfellen, das Rauhe nach Außen. In sehr scharfem Trabe ging es über den Vendômeplatz, Boulevard des Italiens, Chaussée d'Antin durch die Barrière de Clichy. Es war sehr kalt und naß, und von der Gegend Nichts zu sehen. Die prächtige Kathedrale beschreibe ich Dir nicht, sie ist Dir wol erinnerlich. Nach dem Frühstück fuhr der Prinz nach Vincennes, es regnete aber unaufhörlich. Abends großer Ball bei der Kaiserin.

Um zehn Uhr war die Gesellschaft versammelt, der Hof in schwarzem Frack, ein Theil der übrigen Herren aber in Uniform. Die Kaiserin war sehr einfach und geschmackvoll gekleidet, ganz weiß, das Kleid von der feinsten Mousseline mit Volants, sehr weit und abstehend, im Haar einen weißen Schleier von Silberstoff und Grün, ein Collier und einen Gürtel von großen Diamanten.

Der prächtige, große Saal im Pavillon de l'horloge war so hergerichtet, daß außer der Estrade an den Wänden noch zwei Reihen, mit rothem Sammet gepolsterter Sitze den eigentlichen Raum zum Tanzen umschlossen. Die Damen saßen alle, nur sehr wenige Paare tanzten. Der Prinz eröffnete den Ball mit der Kaiserin im contre-danse, gegenüber der

Kaiser mit seiner Cousine, der Prinzeß Mathilde; dann walzte der Prinz mit dieser, die Kaiserin mit dem Prinzen Napoléon.

Es war schwer zu circuliren, obschon nur etwa 500 Personen geladen waren, da Alles sich in den einen Saal drängte. Das Souper war im Theater gedeckt an kleinen Tischen. Sonst Alles wie bei jedem anderen Ball.

IX.

Freitag früh halb neun Uhr mit Postpferden über St. Cloud nach Versailles. Dieser Palast soll 300,000,000 Thlr. gekostet haben. Aber Ludwig XIV. überlebte Frankreichs und seine eigene Größe; der Hof keines seiner Nachfolger vermochte das Riesenschloß so recht mehr auszufüllen. In einem der vielen Säle sind die Versammlungen der Reichsstände zu verschiedenen Perioden abgebildet, Franz I., der sie in Rouen, Heinrich IV. in Notre-Dame, endlich Ludwig XVI., der die Notabeln in Versailles empfängt, das war le commencement de la fin. Von hier wurde er und die unglückliche Marie Antoinette nach der Conciergerie abgeführt. Napoléon hatte den Gedanken, Versailles wieder zu beziehen, aber die erste Einrichtung sollte 50 Millionen kosten. Louis Philippe stellte das Schloß wirklich wieder her, aber das Bürgerkönigthum konnte unmöglich den Hof Ludwig's XIV. erneuern. Versailles wurde „à toutes les gloires de la France" gewidmet. Auch Napoléon III. hat es dabei gelassen. Die Wohnungen für 5000 Hofbeamte und die Ställe für 1000 Pferde sind mit zwei Kürassierregimentern belegt; das Schloß selbst ist ein Museum für Bilder und Sculpturen geworden, welche alle großen Momente und Begebenheiten aus Frankreichs Geschichte darstellen. Natürlich finden sich hier sehr viele mittelmäßige Gemälde, die ihren Platz nur dem Gegenstande verdanken, aber auch David's und Vernet's Meisterwerke. Am bekanntesten ist der Ueberfall des Lagers Abd-el-Kadr's, welches Bild, glaube ich, 80 Schritt lang ist und aus einer Reihe der interessantesten Gruppen besteht. Wir fuhren nach dem kleinen Trianon, wo ein vortreffliches Frühstück eingenommen wurde, dessen Hauptelemente, dindon truffé, paté de foie gras, homards, Fasanen und köstliches Obst, ich nicht unerwähnt lassen will.

Sodann wurde die Militärschule von St. Cyr besichtigt. In diesem ursprünglichen Fräuleinstift werden 700 junge Leute in zweijährigem Cursus für Infanterie und Cavallerie zu Officieren herangebildet. Die Anstalt ist großartig und mit 400 Reitpferden, schönen Sammlungen, Modellen ꝛc. ausgerüstet. Sehr reinlich sah es nicht aus. Die Eleven waschen sich, wie in den Casernen, unten auf den Corridors in einem gemeinsamen Lavoir. Am saubersten waren die Ställe. Ein Bataillon exercirte, und ich bemerkte dabei, daß die Franzosen auf die bei den Paraden gänzlich vernachlässigte Präcision in Griffen und Tritthalten doch Werth legen, wo sie sie erreichen können. Bei uns darf mit den Kolben nicht so aufgestoßen werden, und nur ein verdorbenes Gewehr kann bei den Griffen so schön klappern. Das französische ist derb, etwas plump, aber sehr gut und haltbar gearbeitet. Man will hier vom präcisen Schießen nicht viel wissen und verspricht sich wenig davon im Felde. Nur die Chasseurs d'Afrique und die Garde-Infanterie haben gezogene Gewehre. Mit dem Miniégewehr wird bis jetzt in der Commission experimentirt; es ist noch keineswegs eingeführt, zumal man sich über das Geschoß nicht einig ist. Eine so zarte Waffe wie unser Percussionsgewehr dürfte man der französischen Infanterie gar nicht in die Hände geben; dazu gehört die unendliche Sorgfalt und Aufsicht, die bei uns auf die Mannschaft und ihr Gewehr verwendet wird.

Wir fuhren nach Groß-Trianon, sahen die goldenen Krönungswagen, besuchten dann die reizend gelegene Ferme der Marie Antoinette und kehrten Abends nach Paris zurück.

Bei Tafel saß ich nahe beim Kaiser, der sich eingehend nach Sanssouci und dessen Einrichtung erkundigte. Abends in der Oper der langweilige Corsaire.

X.

Paris, Tuilerien, den 21. December.

Du wirst Dich wol gewundert haben, wie die Blätter meines Tagesbuches von hier Dir zugegangen sind. Mit der Post wollte ich Nichts schicken, obwol ich nichts Verfängliches geschrieben. Wir sind überaus freundlich aufgenommen und ich habe aus bester Ueberzeugung fast nur Lobendes und Anerkennendes mittheilen können; indeß wirst Du Einiges zwischen den Zeilen zu lesen haben. Die hiesigen Zustände sind keine normalen, aber es dürfte schwer anzugeben sein, was unter den einmal bestehenden Verhältnissen besser zu machen sei. Niemand kann sein eigener Enkel sein, und der Gründer einer neuen

Dynastie hat eine andere Stellung als der Erbe einer Reihe legitimer Vorfahren. Dieser fährt in dem alten Geleise, jener hat neue Bahnen zu brechen, und unendlich größere Ansprüche werden an seine Persönlichkeit gerichtet.

Napoléon III. nun hat Nichts von dem finsteren Ernst seines großen Onkels, nicht die imperatorische Haltung und das berechnete Auftreten. Er ist ein ganz einfacher, ziemlich kleiner Mann, dessen stets ruhiges Gesicht entschieden den Eindruck gemüthlichen Wohlwollens macht. „Il ne se fâche jamais, il est toujours poli et bon envers nous, ce n'est que la bonté de son cœur et sa confiance qui pourront lui devenir dangereux," sagen seine Umgebungen. Daß in diesem Augenblick nur eine Partei herrscht, und daß der Kaiser selbst aus dieser Partei sich nicht immer mit den bedeutendsten Männern umgeben kann, liegt in der Nothwendigkeit. Charaktere, die ihren eigenen Weg gehen wollen, kann Louis Napoléon nicht brauchen, weil die ganze Leitung der Staatsgeschäfte in seiner Hand concentrirt bleiben muß. Bei geregelten Zuständen darf Jedem eine größere

Freiheit gelassen werden; in der gegenwärtigen Lage Frankreichs kann nur eine kräftige, einheitliche Leitung bestehen, die übrigens dem französischen Charakter auch wol am besten zusagt. Die Freiheit der Presse ist hier für jetzt ebenso unmöglich, wie bei einer Armee im Felde, wenn sie die Maßregeln des commandirenden Generals discutiren wollte. Louis Napoléon hat Klugheit, Rücksichtslosigkeit, Festigkeit und Selbstvertrauen, aber auch Mäßigung und Milde gezeigt, Alles verdeckt unter äußerlicher Ruhe. Nur zu Pferde sieht man den Imperator in ihm. Einfach für seine Person, vergißt er nicht, daß die Franzosen den Hof ihrer Souveräne mit Glanz umgeben wissen wollen. So fährt der kleine Prinz spazieren, voraus ein Piqueur und drei guides à cheval mit aufgenommenen Pistolen. Dann ein Officier mit einer Abtheilung Dragoner vor und einer Abtheilung hinter dem vierspännigen Wagen. Alle Wachen treten in das Gewehr vor dem achtmonatlichen enfant impérial.

XI.

Karlsruhe, den 23. December.

Auf die dringende Einladung des Kaisers ist der Prinz einen Tag länger in Paris geblieben. Früh haben wir die Modelle und die köstliche Waffensammlung des Artillerie=Dépôts besucht. Dann habe ich zahlreiche Tabatièren vertheilt und dem General Rollin 12,000 fr. für die Dienerschaft überreicht.

Abends war große Tafel beim Kaiser, und nach derselben beurlaubten wir uns. Um elf Uhr fuhren wir von der neuen, schönen gare de Strasbourg ab. Die kaiserlichen Salonwagen sind so eingerichtet, daß man alle möglichen Bequemlichkeiten hat, und ich erwachte erst in Saverne, von wo die Fahrt durch die Vogesen sehr schön ist. Es war traurig, die Leute dort deutsch sprechen zu hören, und dabei sind sie gute Franzosen. Wir haben sie ja im Stiche gelassen! Um neun Uhr erblickten wir den Münster, hielten uns aber in Straßburg nicht auf, wo aller Empfang verboten war, sondern fuhren am 23. von Kehl mit Specialtrain hierher nach Karlsruhe.

Pierer'sche Hofbuchdruckerei. Stephan Geibel & Co. in Altenburg.